Innovation gewinnt

Sascha Mohaupt

Innovation gewinnt

So investieren Sie heute in die Welt von morgen

Bibliografische Information der Deutschen Bibliothek
Die Deutsche Bibliothek verzeichnet diese Publikation
in der Deutschen Nationalbibliografie;
detaillierte bibliografische Daten sind im Internet
über http://dnb.ddb.de abrufbar

Impressum

INNOVATION INVESTOR © 2016 by GeVestor Financial Publishing Group
Theodor-Heuss-Straße 2–4 · 53177 Bonn
Telefon +49 228 8205-0 · Telefax: +49 228 369 64 80
info@gevestor.de · www.gevestor.de
Bereichsvorstand: Hans Joachim Oberhettinger
Chefredakteur: Sascha Mohaupt (V.i.S.d.P.)
Satz: ce redaktionsbüro für digitales publizieren, Heinsberg
Umschlag: Sergey Nivens/fotolia
Druck: Beltz Bad Langensalza GmbH, Bad Langensalza

ISBN 978-3-8125-1951-9

Redaktionssprechstunde: mittwochs 16–18 Uhr
Die Telefonnummer entnehmen Sie bitte den E-Mails und Faxen

GeVestor ist ein Unternehmensbereich
des Verlags für die Deutsche Wirtschaft AG
Vorstand: Guido Ems, Helmut Graf, Frederik Palm · USt.-ID: DE 812639372
Amtsgericht Bonn, HRB 8165

Haftungsausschluss
Unsere Informationen basieren auf Quellen, die wir für
zuverlässig erachten. Eine Haftung für die Verbindlichkeit und
Richtigkeit der Angaben kann allerdings nicht übernommen werden.

Inhalt

Sascha Mohaupt hat in Bochum Wirtschaftswissenschaft mit den Schwerpunkten Wirtschaftsinformatik und Finanzwissenschaft studiert. Danach arbeitete er als Analyst für ein großes Internet-Finanzportal. Mittlerweile ist er als unabhängiger Analyst und Finanzredakteur tätig und gilt als einer der führenden Spezialisten für Hightech-Aktien.

In seine Arbeit für den INNOVATION INVESTOR bringt er nicht nur sein Fachwissen und sein in 20-jähriger Handelserfahrung erworbenes Gespür für die Trends von morgen ein. Bei der Auswahl aussichtsreicher Einzelwerte hilft ihm auch sein großes Netzwerk an Kontakten zu Technologieexperten, Unternehmenschefs, Fondsmanagern und Analysten. Dadurch ist er immer auf dem Laufenden in „seiner" Hightech-Branche.

Erstklassige Erfolgsbilanz:
+804% durchschnittlicher Gewinn in nur 7 Jahren

Mit seiner langfristigen Anlagestrategie und exzellenter Einzeltitelauswahl stellt er jeden dieser zahllosen „schnellen" Börsendienste in den Schatten. Das beweist die Performance-Auswertung der unabhängigen Prüfgesellschaft Conquest Investment Advisory AG: Diese prüfte die Entwicklung der Depots des INNOVATION INVESTOR für den Zeitraum 01.01.2009 bis 31.12.2015.

Ergebnis: Das Innovations-Depot brachte es auf einen Gesamtgewinn von +302%, das Turbo-Depot mit den Hebel-Investments auf einen Gesamtgewinn von +1.306%.

Im Schnitt brachten die beiden Depots den Lesern des INNOVA-TION INVESTOR damit einen fantastischen Gewinn von +804% in nur 7 Jahren ein. Die grafische Auswertung der beiden Depots durch die Conquest Investment Advisory AG finden Sie auf den Seiten 13 und 14.

Liebe Leserin, lieber Leser!

Herzlichen Glückwunsch zur Bestellung meines **INNOVATION INVESTOR.** Damit haben Sie sich für einen Börsendienst entschieden, mit dem Sie erfolgreich in die Welt von morgen investieren. Ich spüre für Sie die lukrativsten Zukunftstrends auf und zeige Ihnen, wie Sie damit hohe Gewinne erzielen.

Neue Milliardenmärkte bieten Ihnen eine Wachstumsgarantie

Schon in den kommenden Jahren werden neue Technologien unsere Welt revolutionieren. Biotech-Unternehmen werden den Krebs besiegen, Solar-Konzerne werden die Welt von der Ölpest befreien und intelligente Energienetze werden die Menschheit vor dem Klima-Kollaps bewahren.

Die neuen Technologien schaffen gigantische neue Absatzmärkte, in die Jahr für Jahr hunderte Milliarden Euro fließen. Für Sie ein absoluter Glücksfall: Denn hier investieren Sie in Aktien von Unternehmen mit eingebauter Wachstumsgarantie.

Mit den richtigen Werten im Depot machen Sie jetzt den großen Reibach

Lange wird es nicht mehr dauern, bis die Masse der Anleger die Unterbewertung dieser Zukunfts-Gewinner realisiert und einsteigt. Nutzen Sie daher die Gelegenheit und legen Sie sich meine Aktien- und Hebelpapier-Empfehlungen frühzeitig ins Depot – bevor der große Ansturm auf diese Werte beginnt.

Ich wünsche Ihnen bei Ihren Investments in die Welt von morgen viel Erfolg!

Ihr

Sascha Mohaupt

Sascha Mohaupt, Chefredakteur INNOVATION INVESTOR

Wie Sie meinen INNOVATION INVESTOR erfolgreich nutzen

Meine Erfolgsstrategie: Mit Zukunftswerten verdienen Sie jederzeit gutes Geld

Bei der Auswahl meiner Empfehlungen überprüfe ich jedes Unternehmen auf Herz und Nieren. Dabei achte ich neben den üblichen Auswahlkriterien wie fundamentale Bewertung und Charttechnik besonders auf die Innovationskraft der Unternehmen.

Denn innovative Unternehmen genießen gegenüber ihrer Konkurrenz einen erheblichen Wettbewerbsvorteil. Ihnen gelingt es, selbst in Krisenzeiten gegen den Trend zu wachsen. In schöner Regelmäßigkeit erhält das Unternehmen durch innovative neue Produkte zusätzliche Wachstumsschübe. Und davon profitieren Sie als Anleger gewaltig.

Beispiel Apple: Wie der Erfolgsfaktor Innovation Sie reich macht

Das bekannteste Beispiel für ein äußerst erfolgreiches Unternehmen mit hoher Innovationskraft ist Apple. Innerhalb weniger Jahre hat sich Apple vom Computer-Nischenanbieter zum weltweit führenden Unterhaltungselektronikkonzern gemausert.

Diesen grandiosen Aufstieg verdankt das US-Unternehmen innovativen Produkten wie dem iPod, dem revolutionären „Wunderhandy" iPhone und dem Tablet-PC iPad. Mit jedem neuen Produkt setzt Apple Maßstäbe und gibt der Welt die Trends der kommenden Jahre vor. Und jedes neue Produkt wird Apple von den Kunden förmlich aus den Händen gerissen.

Keinem anderen Großkonzern ist es bisher auch nur annähernd gelungen, das Internet in diesem Maße für seine Zwecke zu nutzen wie Apple. Das Unternehmen bietet mittlerweile hunderttausende Zusatzprogramme (Apps) für seine Produkte an. Damit verdient

Apple nicht nur kräftig an den Downloads, sie dienen auch als exzellentes Instrument zur Kundenbindung. Mit jedem Download wird das eigene Handy besser; das weckt die Sammelleidenschaft der Kundschaft. Dieses innovative Konzept geht voll auf.

Freuen auch Sie sich schon bald über drei- und sogar vierstellige Kursgewinne

Apple ist nur ein Beispiel auf der langen Liste meiner erfolgreich abgeschlossenen Transaktionen. So realisierten meine Leser mit einem Apple-Call-Optionsschein bereits fantastische **1.073% Gewinn.** Und beim nachfolgenden Apple-Turbo-Zertifikat waren es erneut **+661% Gewinn.**

Bei der nächsten Kursrakete können Sie dabei sein. Sie brauchen lediglich meine Empfehlungen im INNOVATION INVESTOR zu befolgen. Freuen Sie sich schon jetzt auf Depotwerte mit dreistelligen Kursgewinnen, vielleicht wird auch wieder der ein oder andere vierstellige Kursgewinn dabei sein. Mit innovativen Zukunftsunternehmen im Depot stehen Ihre Chancen auf solche gigantische Gewinne in den kommenden Jahren ausgezeichnet.

Was Sie im INNOVATION INVESTOR finden werden

Bei meinen Empfehlungen beschränke ich mich auf das Beste vom Besten. Aktien mit herausragendem Chance/Risiko-Verhältnis. Die Mitteilungen sind topaktuell und können daher an jedem beliebigen Wochentag und zu jeder Zeit am Tag bei Ihnen eingehen. Es kann durchaus passieren, dass Sie mehrere Wochen keine Neuempfehlung erhalten. Ebenso ist es möglich, dass ich Ihnen in einer Woche gleich mehrere Werte zum Kauf oder Verkauf empfehle.

Mit meiner Erfolgsstrategie verbessern Sie nicht nur die Performance Ihres Depots, Sie investieren auch wesentlich zeitsparender und stressfreier. In der Regel brauchen Sie mit dem INNOVATION INVESTOR nicht mehr als eine Viertelstunde Ihrer Zeit pro Woche zu investieren, der Rest bleibt Ihnen für angenehmere Dinge des Lebens. Die ständige Kontrolle der laufenden Empfehlungen übernehme ich für Sie. Und falls Handlungsbedarf bestehen sollte, erhalten Sie umgehend eine E-Mail, ein Fax oder eine SMS von mir. Lehnen Sie sich also entspannt zurück und schauen Sie zu, wie sich Ihr Geld mit den besten HighTech- und Energie-Aktien vermehrt.

Jeden Sonntag erhalten Sie eine Wochenübersicht mit Updates zu allen Empfehlungen. Hier erfahren Sie, welche Werte Sie zum aktuellen Kurs noch nachkaufen können. Außerdem informiere ich Sie, wann es an der Zeit ist, einen Stoppkurs zu ändern. Einzelheiten zum Umgang mit Stoppkursen finden Sie auf Seite 28 dieses Handbuchs.

Die 3 Musterdepots des INNOVATION INVESTOR

Im INNOVATION INVESTOR führe ich für Sie 3 Musterdepots, die sich in ihren Renditechancen und Risiken unterscheiden:

In mein **Innovations-Depot** nehme ich Aktien auf, die ein Gewinn-potenzial von mindestens 100% aufweisen. Aktien von Unterneh-men, denen eine große Zukunft bevorsteht, weil sie die Welt von morgen maßgeblich mitgestalten. Mit diesen Aktien verdienen Sie an den großen Zukunftstrends. Der Anlageschwerpunkt im Innova-tions-Depot liegt in aussichtsreichen Branchen wie Informations-technologie, Robotertechnologie, Bio- und Nanotechnologie sowie den Gewinnern der Energiewende.

Und das Investieren in die Zukunft lohnt sich für Sie: Die unabhän-gige Prüfgesellschaft Conquest Investment Advisory AG attestiert dem **Innovations-Depot vom 01.01.2009 bis 31.12.2015 einen Gesamtgewinn von +302%.** Meine Leser haben ihr Kapital also mehr als vervierfacht. Der Weltindex MSCI World hat im selben Zeitraum lediglich eine Performance von +131% erzielt.

Wertentwicklung Innovations-Depot vom 01.01.2009 bis 31.12.2015

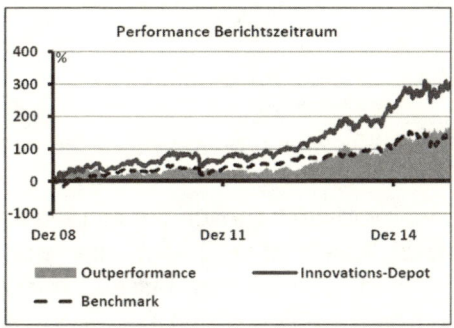

Aus 10.000 € wurden in 7 Jahren über 40.000 €.

Wem von Ihnen 100 oder 200% Gewinn noch nicht genug sind, für den habe ich in meinem **Turbo-Depot** genau das Richtige. Hier empfehle ich Ihnen Optionsscheine und Hebel-Zertifikate, mit denen Sie die Gewinne der Aktien vervielfachen können. Mein Turbo-Depot eignet sich für Anleger, die den maximalen Gewinn mit meinen Empfehlungen herausholen wollen – 300%, 500% oder auch mal über 1.000%. Natürlich ist das Risiko in diesem Depot höher, weshalb ich nur erfahrenen Anlegern zu Hebelpapieren rate, doch es lohnt sich, wie die bisherige Performance beweist.

Auch das Turbo-Depot wurde von der unabhängigen Prüfgesellschaft Conquest Investment Advisory AG auf Herz und Nieren geprüft. Das fantastische Ergebnis: **Vom 01.01.2009 bis 31.12.2015 erzielte das Turbo-Depot einen Gesamtgewinn von +1.306%.** Meine Leser haben Ihr Kapital also mehr als vervierzehnfacht.

Wertentwicklung Turbo-Depot vom 01.01.2009 bis 31.12.2015

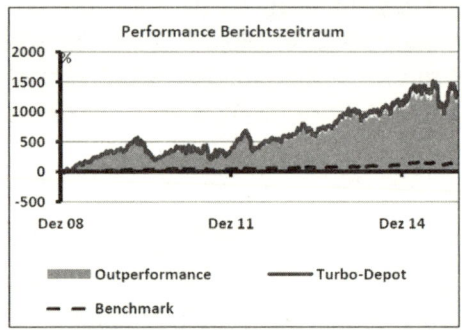

Aus 10.000 € wurden in nur 7 Jahren mehr als 140.000 €.

Auf vielfachen Leserwunsch habe ich vor einigen Jahren zusätzlich das **Hochpotenzial-Portfolio** aufgelegt. Hier empfehle ich Ihnen ausschließlich Aktien von Unternehmen, mit denen für Sie Gewinne von mehreren +100% bis +1.000% drin sind. Dabei handelt es sich um Unternehmen, die noch ganz am Anfang einer revolutionären Entwicklung stehen. Natürlich ist das Risiko hier deutlich höher als im Innovations-Depot, aber eben auch Ihre Gewinnchancen. Das Hochpotenzial-Portfolio ist als spekulative Depotbeimischung gedacht und sollte nur von Anlegern genutzt werden, denen hohe Kursschwankungen nichts ausmachen.

Diese Zukunftsbranchen bieten Ihnen die besten Gewinnchancen

Es lohnt sich für Sie als Anleger in die Zukunft zu investieren. Setzen Sie auf innovative Unternehmen, deren Technologie die Welt von morgen maßgeblich beeinflussen wird. Damit investieren Sie unabhängig vom Auf und Ab der Konjunktur in Werte mit herausragenden Wachstumsperspektiven.

Das hat für Sie einen großen Vorteil: Zwischenzeitliche Wirtschaftskrisen bedeuten für Sie keine Gefahr, sondern eine ausgezeichnete Chance. Denn dann ist das Kurspotenzial solcher krisenresistenten Aktien aus den Zukunftsbranchen besonders hoch. Mit meinen Empfehlungen investieren Sie daher krisensicher und renditestark.

Zu den Branchen mit den derzeit besten Zukunftsaussichten gehören:

- Smart Grid

- Roboter

- Biotechnologie

- Nanotechnologie

- 3D-Druck-Technologie

Smart Grid: Verpassen Sie nicht den neuen Megamarkt

Untrennbar mit dem Boom der Erneuerbaren Energien verbunden ist der Trend zum Smart Grid, der intelligenten und effizienten Energieversorgung.

An einem Ausbau der Energie-Infrastruktur geht kein Weg vorbei

Die bisherige Energie-Infrastruktur ist nur unzureichend auf die Bedürfnisse der Erneuerbaren Energien ausgelegt. Beispielsweise liefern Windkraftanlagen erheblich schwankende Energiemengen. Dadurch kommt es bei stürmischem Wetter zeitweise zur Überproduktion von Energie, die nicht lange gespeichert werden kann.

Eine Modernisierung der ineffizienten Energie-Infrastruktur ist daher dringend notwendig. Hier besteht eine Menge Einsparpotenzial.

Effizientere Nutzung von Energie = günstigere Energiepreise

Neben der Einbindung der Erneuerbaren Energien zählt die Verbesserung der Energieeffizienz zu den Zielen des Smart Grid. Beispielsweise kann ein Smart-Grid-Netzwerk die Steuerung von Waschmaschinen übernehmen und deren Betrieb auf Zeiten verschieben, in denen die Netzauslastung geringer ist. Dies gibt den Versorgern Planungssicherheit, vermeidet Überkapazitäten und sorgt für niedrigere Stromkosten bei den Verbrauchern.

Ein intelligentes Stromnetz ermöglicht außerdem die zeitflexible Gestaltung der Strompreise. Je niedriger die aktuelle Netzauslastung, desto weniger bezahlen Sie dann zu dieser Tageszeit für Ihren Strom. Eines Tages werden Sie zwischen verschiedenen Stromanbietern jederzeit hin her wechseln können – genauso wie Sie es schon seit Jahren mit Ihren Telefongesprächen bei den Call-by-Call-Anbietern (die mit der Vorwahl) machen. Sie sehen: Sie werden nicht nur als Anleger, sondern auch als Verbraucher vom Smart Grid profitieren.

Folgen Sie den Weltkonzernen und sichern Sie sich Ihren Anteil

In den nächsten zehn Jahren wird ein dreistelliger Milliardenbetrag in den Ausbau der weltweiten Energie-Infrastruktur fließen.

Immer mehr Unternehmen erkennen das Marktpotenzial von Smart Grid. Dementsprechend haben sich neben unzähligen kleinen Unternehmen auch schon Weltkonzerne wie Cisco Systems, General Electric, IBM und Siemens für den Smart-Grid-Boom positioniert.

Nutzen Sie die Gelegenheit, frühzeitig günstig einzusteigen

Vertrauen Sie dem Gespür der Weltkonzerne und investieren Sie ebenfalls in den neuen Megamarkt Smart Grid. Der Boom steht noch am Anfang. Und keine Krise wird ihn aufhalten können. In diesem frühen Stadium ist der Einstieg für Sie besonders lukrativ.

Holen Sie sich daher die Smart-Grid-Gewinner frühzeitig ins Depot. Die richtigen Werte nenne ich Ihnen im INNOVATION INVESTOR.

Roboter: Die Revolution beginnt

Aktien aus dem Bereich Roboter-Technologie stehen in den nächsten Jahren ganz oben auf meiner Favoritenliste. Die Entwicklung schreitet immer weiter voran.

Roboter werden in den kommenden Jahren in mehr und mehr Bereichen unseres täglichen Lebens ihren Einsatz finden. Einfache Arbeiten wie Putzen und Staubsaugen können Sie bereits übernehmen, auch in der industriellen Produktion haben sie schon längst Einzug gehalten. Dieser Trend wird sich unaufhaltsam fortsetzen.

Fast die Hälfte aller Jobs können langfristig von Robotern übernommen werden

Eine Studie der Oxford Universität zeigt: Innerhalb von zwei Jahrzehnten sind fast die Hälfte (47%) aller Jobs automatisierbar.

Die Wissenschaftler begründen dies damit, dass aufgrund des gewaltigen Anstiegs der Rechenleistung sowie dem immensen Bestand digitaler Daten Computer und Roboter immer „intelligenter" werden. Das versetzt sie zunehmend in der Lage, auch komplizierte Aufgaben kostengünstiger und effektiver als Menschen durchzuführen.

Hinzu kommt: Aufgrund des weltweit steigenden Lohnniveaus (insbesondere in Schwellenländern wie China) lohnt es sich in Zukunft mehr und mehr, einfache menschliche Arbeiten (beispielsweise in der Produktion am Fließband) den Robotern zu übertragen.

Wie bei der industriellen Revolution im 19. Jahrhundert wird die Arbeitslosigkeit dadurch aber nicht in die Höhe schießen. Stattdessen werden sich menschliche Arbeiten nach und nach von der Produktion hin zur Überwachung, Steuerung und Wartung der Roboter verlagern.

Die Autobranche ist bereits heute fest in Roboterhand

In einigen Bereichen der Industrie leisten Roboter heute bereits den Großteil der Arbeit. Das beste Beispiel liefert die Autoindustrie: In den Industrieländern setzen die Autobauer auf ganze Roboterarmeen: Bei der Fertigung der Mercedes-A-Klasse stehen beispielsweise 330 Roboter am Fließband – übrigens alle aus dem Hause des deutschen Herstellers KUKA.

Ein ähnliches Bild bieten Ihnen moderne Druckereien. Auch hier läuft die Produktion heute bereits weitgehend automatisiert ab. Auch andere Bereiche werden auf lange Sicht von den fleißigen Maschinen erobert, beispielsweise die Haushaltsführung, die Altenpflege oder das Transportwesen (ein gutes Beispiel ist Googles Roboterauto).

Einige Branchen sind also bereits heute in Roboterhand. Andere Branchen werden folgen. Hohes Wachstumspotenzial bieten den Roboterbauern außerdem die Schwellenländer, in denen sich bislang – aufgrund der niedrigen Löhne – der Einsatz von Industrierobotern noch nicht gelohnt hat.

Investieren Sie mit mir in die aussichtsreichsten Roboter-Aktien

In den Depots meines INNOVATION INVESTOR finden Sie mehrere Aktien, die von der kommenden Roboter-Revolution profitieren werden. Jede Aktie deckt einen anderen Bereich der Robotertechnologie ab.

Nutzen Sie die Chance, frühzeitig in einen sich abzeichnenden Megatrend zu investieren, bevor sich die breite Masse der Anleger darauf stürzt und die Kurse nach oben treibt.

Biotechnologie: Verdienen Sie mit, wenn Krebs & Co. geheilt werden

Eines Tages wird die Wissenschaft den Krebs besiegen, davon bin ich fest überzeugt.
Die Biotechnologie feiert regelmäßig neue Forschungserfolge und kommt den Geheimnissen von Krebs & Co. immer weiter auf die Spur. Bis zum endgültigen Durchbruch ist es nur eine Frage der Zeit.

Präzisionswaffen der modernen Medizin

Die Überlegenheit der Biotechnologie gegenüber der konventionellen Medizin liegt vor allem in der konzentrierteren Wirkung der Biotech-Medikamente. Beispielsweise wirken Biotech-Medikamente bei Krebsbefall fast ausschließlich auf die Krebszellen selbst. Nebenwirkungen treten bei ihrem Einsatz deutlich weniger auf.

So wirkt etwa das Medikament Avastin, einer der Hoffnungsträger im Kampf gegen den Krebs, indem es die Blutgefäßversorgung des Tumors blockiert und somit dessen Wachstum hemmt. Biotech-Medikamente stellen gewissermaßen die „Präzisionswaffen" der modernen Medizin dar. In sie setzen die Wissenschaftler zu Recht ihre Hoffnungen,

Erbgutanalysen revolutionieren die Medizin

Ein wichtiger Baustein der Biotechnologie stellt die Erbgutanalyse dar. Moderne Gentests können schon heute viel mehr als Krankheiten zu diagnostizieren. So lässt sich beispielsweise mit Testverfahren feststellen, welches der verschiedenen Medikamente für den jeweiligen Patienten am besten geeignet ist. Ein großer Fortschritt, aber die Zukunft verspricht noch viel mehr. Wir stehen hier erst am Anfang der medizinischen Revolution.

Eines Tages wird es ein Testverfahren geben, das alle Krankheiten identifizieren kann. Ein Tropfen Blut reicht dann aus, um alles über einen Patienten zu erfahren – von der Diagnose bis zur optimalen Behandlungsmethode. Sie können sich sicherlich vorstellen, welch einen gigantischen Absatzmarkt dieses Produkt besitzen wird.

Krisensicher: Der Kampf gegen den Krebs kennt keine Rezession

Für Sie als Anleger besitzen Biotech-Aktien einen nicht zu unterschätzenden Vorteil: Der Kampf gegen Krebs & Co. kennt eben keine Rezession. Während viele alteingesessene Branchen unter der letzten Wirtschaftskrise litten, wuchsen Biotech-Unternehmen unaufhörlich weiter. Das macht Biotech-Aktien besonders krisensicher.

Nanotechnologie: Winzige Produkte – gigantisches Potenzial

Die Nanotechnologie (griech. nanos = Zwerg) verfügt – ähnlich wie die industrielle Revolution im 19. Jahrhundert – über das Potenzial unsere Welt grundlegend zu verändern. Sie beschäftigt sich mit Technologien, die sich der Erforschung, Bearbeitung und Produktion von beinahe unvorstellbar kleinen Gegenständen und Strukturen widmen. Zum Gebiet der Nanotechnologie zählt alles, was kleiner als 100 Nanometer ist. Ein Nanometer entspricht einem Milliardstel Meter.

Nanotechnologie wird die Welt, die wir kennen, grundlegend ändern

Die Anwendungsmöglichkeiten für diese Technologien sind riesig. Nanotechnologie bietet die Möglichkeit, Herstellungsprozesse quer durch alle Branchen fundamental zu verändern. Wenn die Entwicklungen in der Nanotechnologie weiter fortschreiten, wird man in Zukunft in der Lage sein, die atomare Struktur von Materialien zu verändern.

Dadurch wird es beispielsweise möglich sein, Stahl wesentlich leichter zu machen oder Materialien mit neuen Eigenschaften wie elektrischer Leitfähigkeit oder Magnetismus auszustatten. Die Möglichkeiten sind grenzenlos.

Sie sehen: Die Produkte von Nanotech-Unternehmen werden unsere Welt nicht nur verbessern, sie werden sie regelrecht revolutionieren! Hier lohnt es sich für Sie auf jeden Fall rechtzeitig dabeizusein!

Nanotechnologie ist bereits heute im Einsatz

Nanotechnologie kommt schon heute in verschiedenen Bereichen zum Einsatz. Denken Sie beispielsweise an selbstreinigende Oberflächen („Lotuseffekt"), die beim Außenanstrich von Gebäuden und bei der Autolackierung Schmutzablagerungen verhindern.

Auch die Hersteller von Markenkleidung setzen ihre Hoffnung im Kampf gegen Produktpiraterie auf die Nanotechnologie. Einfache Logos und bisherige Echtheitsmerkmale können von den Produktpiraten in kürzester Zeit kopiert werden. Der Schaden für die Markenhersteller liegt bei 250 Mrd. US-Dollar pro Jahr.

Eine mögliche Lösung liefert die Nanotechnologie in Form von mikroskopisch kleinen Farbcodes, die von den Produktpiraten nicht kopiert werden können. Dies wird die Identifizierung von Produktkopien in Zukunft erheblich erleichtern.

Neben Nano-Materialien sind auch die Gebiete Nano-Elektronik und Nano-Medizin von großer Bedeutung. Die großen Computerhersteller IBM und Hewlett Packard bedienen sich der Nanotechnologie, um ihre Produkte noch kleiner und leistungsfähiger zu machen. Auch in der Biotechnologie kommt heute schon Nanotechnologie zum Einsatz. Die Nano-Biotechnologie zählt zu den aussichtsreichsten Gebieten der modernen Medizin. Die Erfolge bei der Bekämpfung von Krebs sind sehr viel versprechend.

Ein Beispiel, wie die Nanotechnologie hilft, den Krebs zu besiegen

Zu den neuen, äußerst wirksamen Bekämpfungsmethoden könnte schon bald die Bestrahlung mit magnetischen Nanopartikeln zählen. Das Geniale daran: Der Tumor wird damit gezwungen, sich selbst zu zerstören. Das gesunde Gewebe wird geschont. Diese Form der Krebstherapie ist daher nebenwirkungsfrei. Vereinfacht ausgedrückt funktioniert es so: Dem Patienten wird eine Flüssigkeit aus speziellen Eisenoxid-Nanopartikeln verabreicht, die ausschließlich von Krebszellen aufgenommen werden. Wenn sich der Tumor damit vollgesaugt hat, wird der Patient einem Magnetfeld ausgesetzt. Dieses erhitzt die Nanoteilchen derart stark, dass der Tumor regelrecht zerkocht wird. Überlegen Sie einmal, welches Potenzial in dieser Art der revolutionären Behandlung steckt.

Gigantisches Marktpotenzial

Die Schätzungen für das Marktpotenzial der Nanotechnologie gehen derzeit noch weit auseinander. Einige Experten sehen den zukünftigen Umsatz bei einigen 100 Mrd. Dollar jährlich, andere sprechen sogar von mindestens einer Billion Dollar. Für Sie als Anleger besonders interessant: Hier besitzen Sie endlich die Chance, von Anfang an dabei zu sein. Sie müssen keine Angst davor haben, dass Sie bereits den größten Teil der Entwicklung verpasst haben. Noch befindet sich die Nanotechnologie in den Kinderschuhen. Das macht Ihre Gewinnchance umso größer!

Die 3D-Druck-Technologie wird Industrie und Medizin revolutionieren

Nur alle paar Jahrzehnte erleben wir eine „Super-Innovation", die unsere Welt geradezu revolutioniert, wie es beispielsweise die Dampfmaschine, die Eisenbahn, die Elektrizität oder das Automobil getan haben. Eine ähnliche Rolle könnte in Zukunft die 3D-Druck-Technologie spielen. Denn auch sie besitzt das Potenzial, sowohl die industrielle Produktion als auch die Medizin grundlegend zu verändern.

Mit 3D-Druckern können – wie der Name schon sagt – dreidimensionale Objekte hergestellt werden. Im Gegensatz zu normalen Druckern sind dafür in der Regel tausende Druckdurchgänge notwendig. Schritt für Schritt entsteht das fertige Objekt, indem hauchdünne Schichten übereinander aufgetragen werden.

Vom Prototypen-Drucken zur Fabrik der Zukunft

Unzählige Branchen setzen 3D-Drucker heute schon zur Fertigung von Prototypen ein. Einige fertigen damit auch schon Serienteile, beispielsweise passgenaue Stoßstangen. Aber das sind bescheidene Anfänge im Vergleich zu dem, was in Zukunft möglich sein wird.

Ein Beispiel: Selective Laser Melting – dieses Verfahren wurde von der NASA entwickelt. Dabei werden verschiedene Metallpulver mittels Laser geschmolzen und anschließend miteinander verbunden – alles vollautomatisch. Es ermöglicht der Weltraumbehörde mithilfe eines (Hochtechnologie-)3D-Druckers den Bau eines vollständigen und funktionstüchtigen Düsenantriebs. Und das hat gewaltige Vorteile: Erstens die Zeitersparnis. Der Bau eines konventionellen Antriebs dauert bis zu einem Jahr, mittels 3D-Druck geht es in einem Bruchteil davon. Zweitens spart dieses Verfahren 70% der Kosten ein. Und drittens ist es damit möglich, dass sich Astronauten auf einer Raumstation vor Ort dringend benötigte Ersatzteile einfach selbst bauen.

Die NASA denkt sogar schon darüber nach, ganze Raumstationen, beispielsweise für den Mars, vor Ort per 3D-Drucker zu errichten. Das würde die Transportlogistik erheblich erleichtern und eine Menge Kosten sparen. Und Letzteres ist für das US-Raumfahrtprogramm in Zeiten leerer Staatskassen der Schlüssel zum Überleben.

„Bioprinting": Körperteile aus dem Drucker

Auch die Medizin steht vor bahnbrechenden Veränderungen. Das „Bioprinting" macht es möglich: In Zukunft werden dringend gebrauchte „Ersatzteile" des Menschen einfach per 3D-Druck hergestellt. Nniemand muss mehr sterben, weil er auf der Organspenderliste zu weit hinten steht. Und auch hier sind die ersten Schritte äußerst vielversprechend: Zähne, Blutgefäße und Prothesen – all das wurde bereits von Wissenschaftlern mittels hochwertiger 3D-

Drucker hergestellt. Zwei Beispiele für die jüngsten Erfolge der 3D-Druck-Technologie in der Medizin möchte ich Ihnen geben.

In den USA haben Bioprinting-Wissenschaftler mittels eines 3D-Druckers und Biotinte ein täuschend echt aussehendes menschliches Ohr hergestellt. Dieses soll schon bald Kindern implantiert werden, die mit einer Ohrmuschelfehlbildung zur Welt gekommen sind. In einem ersten Schritt werden dafür die Kinderohren mithilfe eines Laserscanners abgetastet. Im Anschluss erstellt ein 3D-Drucker eine Form, die mit Biotinte aus Knorpelzellen von Ratten und Kühen gefüllt wird. Nach dem Abtrocknen der Tinte ist daraus ein biegsames Stück Knorpel geworden, was dem Original vom Aussehen her näherkommt als jede bisherige Ohrprothese.

Der jüngste Erfolg der Bioprinting-Wissenschaftler: In China ist es gelungen, Miniaturnieren per 3D-Drucker herzustellen. Dafür wurden Millionen gezüchteter menschlicher Nierenzellen Zellschicht für Zellschicht in eine Form gedruckt. Das Ergebnis kann die Funktion zur Blutfiltration erfüllen und Urin produzieren. Selbstverständlich ist noch viel Forschung bis zu einer Niere notwendig, die einem Menschen implantiert werden kann. Aber Sie werden mir Recht geben: Die Ansätze sind äußerst vielversprechend.

Eine einmalige Anlagechance zu Beginn des Megatrends

Das Tolle am 3D-Druck ist, dass Sie hier die Möglichkeit haben, als Anleger von Anfang an dabeizusein. Entsprechend hoch sind Ihre Gewinnchancen mit den Gewinnern der 3D-Druck-Revolution.

Noch sind die Umsätze der 3D-Drucker-Hersteller relativ bescheiden. Aber es ist absehbar, dass sie schon bald die Milliardengrenze überschreiten und noch ein wenig später zu den Weltkonzernen der Zukunft gehören werden. Das ist eine Gelegenheit, wie Sie sie in Ihrem Anlegerleben nur sehr selten erhalten. Welche die richtigen Aktien sind, verrate ich Ihnen im INNOVATION INVESTOR.

2 einfache Mittel für Ihr persönliches Risikomanagement

Warum Sie neben der Rendite auch stets das Risiko einer Investition beachten sollten

Rendite und Risiko einer Investition sind untrennbar miteinander verbunden. Wenn Sie eine höhere Rendite erzielen möchten, müssen Sie auch ein höheres Risiko in Kauf nehmen. Gerade bei den oft sehr schwankungsfreudigen HighTech-Aktien kommt einem aktiven Risikomanagement große Bedeutung zu. Nutzen Sie alle Möglichkeiten, um Ihr Risiko in Grenzen zu halten, ohne auf eine attraktive Rendite zu verzichten. Auf den folgenden Seiten zeige ich Ihnen

- wie Sie das Risiko bei Einzelpositionen mit Stoppkursen begrenzen und
- wie Sie das Risiko für Ihr Gesamtdepot mittels gezielter Diversifikation (Streuung) reduzieren.

Risikobegrenzung bei Einzelpositionen: So setzen Sie Stoppkurse richtig ein

„Verluste begrenzen und Gewinne laufen lassen" – diese uralte Börsenweisheit ist auch heute immer noch eine wichtige Grundlage, um an der Börse erfolgreich agieren zu können. Die Kenntnis allein reicht jedoch nicht aus. Obwohl der Grundsatz der Verlustbegrenzung vielen Anlegern bekannt ist, handeln sie seltsamerweise oftmals genau umgekehrt.

Mit der Lösung dieses Rätsels beschäftigt sich die Behavioral Finance, ein relativ junger wissenschaftlicher Ansatz, der Psychologie und Finanzwissenschaft miteinander kombiniert. Er untersucht die irrationalen, größtenteils unbewussten Verhaltensweisen der Anleger und ihre Auswirkungen auf die Finanzmärkte.

Zu den bedeutendsten Erkenntnissen der Behavioral Finance zählt die Verlustaversion. Viele Anleger können nicht mit Verlusten umgehen. Sie vermeiden es, Verluste zu realisieren, weil sie sich ihre falsche Einschätzung beim Kauf des Wertpapiers nicht eingestehen wollen. Der Verkauf käme für sie dem Eingeständnis einer Niederlage gleich. Stattdessen hoffen sie (meist vergeblich) darauf, doch noch richtig zu liegen. Umgekehrt werden Gewinne viel zu früh realisiert, da ihnen das Gefühl des Gewinnens wichtiger ist als die Höhe des Kursgewinns. Zahlreiche Untersuchungen haben das Phänomen der Verlustaversion bestätigt. Sie führt dazu, dass sich Anleger irrational verhalten. Ihr Handeln wird durch Hoffnung geleitet, der Verstand wird ausgeschaltet.

Das folgende Beispiel verdeutlicht Ihnen die negativen Folgen dieses Fehlverhaltens. Obwohl der Anleger mit seiner Einschätzung beim Kauf in sieben von zehn Fällen richtig lag, weist sein Depot unterm Strich eine negative Performance auf. Anstatt seine Verluste zu begrenzen, hat er seine Gewinne begrenzt, weil er möglichst viele Einzelpositionen mit Gewinn abschließen wollte. Die Folge: Die wenigen Minuspositionen bestimmen die Performance des Depots.

Depot eines Anlegers ohne Stopp-Strategie

Kaufwert	Aktueller Wert	Gewinn/Verlust in %	Status
2.000 €	2.400 €	+20%	verkauft
2.000 €	2.200 €	+10%	verkauft
2.000 €	2.300 €	+15%	verkauft
2.000 €	2.300 €	+15%	verkauft
2.000 €	2.400 €	+20%	verkauft
2.000 €	2.200 €	+10%	verkauft
2.000 €	2.200 €	+10%	verkauft
2.000 €	1.000 €	-50%	im Depot
2.000 €	600 €	-70%	im Depot
2.000 €	400 €	-80%	im Depot
20.000 €	**18.000 €**	**-10%**	

Statt die Verluste zu begrenzen und die Gewinne laufen zu lassen, hat dieser Anleger es genau umgekehrt gemacht – ein weit verbreiteter Fehler. Die wenigen Verlustpositionen ziehen das gesamte Depot ins Minus.

Schauen Sie einmal in Ihr eigenes Depot. Haben Sie in der Vergangenheit auch nach dem „Prinzip Hoffnung" gehandelt und fallende Aktien nicht verkauft?

Falls nicht, dann haben sie entweder ein sehr glückliches Händchen beim Wertpapierkauf, oder Sie gehören zu den wenigen Anlegern, die ihre Verlustrisiken konsequent mit Stoppkursen begrenzen.

Warum Sie beim Kauf eines Wertpapiers immer einen maximalen Verlust festlegen sollten

Bei meinen Empfehlungen im INNOVATION INVESTOR arbeite ich mit Stoppkursen, um bei den Verlusttrades (die es zwangsläufig auch geben wird) den Schaden in Grenzen zu halten. Aus diesem Grund halte ich es für wichtig, Sie mit einigen grundlegenden Informationen zu Stoppkursen vertraut zu machen.

Der systematische Einsatz von Stoppkursen zählt zu den wichtigsten Strategien der Risikobegrenzung. Damit verhindern Sie, dass Sie zu lange an falschen Entscheidungen festhalten und dabei dem weiteren Kursverlust Ihrer Aktien tatenlos zusehen. Besonders in Phasen mit einem lang anhaltenden Abwärtstrend, wie zuletzt in den Jahren 2000 bis 2002, macht sich der Einsatz bezahlt. Wer damals konsequent Stoppkurse angewandt hat, blieb vom Schlimmsten verschont.

Natürlich kann es Ihnen beim Einsatz von Stopp-Strategien auch passieren, dass sich ein Wertpapier nach dem Verkauf wieder erholt. Dies ist dann ärgerlich, aber nicht zu vermeiden. Wichtig ist die Performance Ihres Gesamtdepots. Einen Verlust von 10 bis 20% bei einer Einzelposition können Sie verschmerzen. 50% oder mehr Verlust ohne Stoppkurs wären weit schlimmer und würden die Gesamtperformance Ihres Depots wesentlich stärker in Mitleidenschaft ziehen.

**So hoch muss Ihr Gewinn sein, um vorherige Kapitalverluste
bei einem Betrag von 10.000 € wieder auszugleichen**

Verlust	Restvermögen	Notwendiger Gewinn
-10%	9.000 €	+11%
-15%	8.500 €	+18%
-20%	8.000 €	+25%
-25%	7.500 €	+33%
-30%	7.000 €	+43%
-40%	6.000 €	+67%
-50%	5.000 €	+100%
-60%	4.000 €	+150%
-70%	3.000 €	+233%
-80%	2.000 €	+400%
-90%	1.000 €	+900%

*Ab 30% Verlust steigt der Gewinn, der notwendig ist, um den Einstandskurs wieder zu errei-
chen, rapide an. Ein Stoppkurs bewahrt Sie vor dem Schlimmsten.*

Statt darauf zu hoffen, dass Ihre Aktien die hohen Verluste eines
Tages wieder aufholen, können Sie mit Stoppkursen sicherstellen,
dass Ihre Aktien erst gar keine hohen Verluste einfahren. Wenn Sie
mit einer Aktie 50% im Minus liegen, muss diese Aktie um 100%
steigen, damit Sie Ihr einbezahltes Geld zurück erhalten. Die Wahrscheinlichkeit für eine Wertverdoppelung ist allerdings ziemlich
gering.

Bessere Aussichten, das verlorene Geld wieder reinzuholen, bietet
Ihnen eine Stopp-Strategie. Nach einem Verlust von beispielsweise 15% müssen Sie mit der nächsten Investition ein Plus von
18% erreichen, um den Verlust wieder auszugleichen. Ein ver-
gleichsweise machbares Unterfangen.

Wie Sie den richtigen Stoppkurs ermitteln

Überlegen Sie sich bereits beim Kauf eines Wertpapiers, wie viel
Verlust Sie maximal hinnehmen wollen. Für Aktien empfehle ich
Ihnen, den Stoppkurs 15 bis 20% unterhalb Ihres Einstiegskurses

zu platzieren. Bei Optionsscheinen und anderen Hebelprodukten sollten Sie eine Differenz von 30 bis 40% wählen. Im INNOVATION INVESTOR gebe ich Ihnen für jede meiner Empfehlungen den Stoppkurs an.

Mit nachgezogenen Stoppkursen sichern Sie Ihre Gewinne ab

Stoppkurse dienen nicht ausschließlich der Verlustbegrenzung. Sie können auch zur Sicherung bereits angefallener Gewinne genutzt werden. Natürlich ist der zeitliche Aufwand, nach jeder kleinen Kurssteigerung eine Anpassung des Stoppkurses durchzuführen, zu groß. Darüber hinaus verlangen einige Banken Gebühren für die Änderung oder Löschung von Stop-Loss-Aufträgen. Wenn die Änderung des Stoppkurses notwendig ist, werde ich Sie bei allen Empfehlungen des INNOVATION INVESTOR darüber informieren.

Für Ihre anderen Aktienkäufe empfehle ich Ihnen folgende Vorgehensweise: Jedes Mal, wenn das Wertpapier nach dem letztmaligen Festlegen des Stoppkurses um etwa 15 bis 20% angestiegen ist, ziehen Sie den Stoppkurs nach. So profitieren Sie von weiteren Kursgewinnen, ohne befürchten zu müssen, den aufgelaufenen Gewinn wieder vollständig zu verlieren.

Beispiel: Sie kaufen eine Aktie bei 80 €. Den Stoppkurs setzen Sie auf 68,00 € (maximaler Verlust 15%). Die Aktie steigt auf 90 €. Sie möchten wiederum maximal 15% vom aktuellen Kurswert verlieren. Ihren neuen Stoppkurs setzen Sie daher auf 76,50 €. Steigt die Aktie weiter auf 100 €, ziehen Sie den Stoppkurs auf 85 € nach.

Stop-Loss oder Mental-Stopp – welche Variante der Stopp-Strategie besser zu Ihnen passt

Stop-Loss-Aufträge werden automatisch ausgeführt, sobald der Kurs des Wertpapiers das angegebene Limit unterschreitet. Der Verkauf erfolgt dann zum nächsten Kurs und zwar unlimitiert.

Besonders bei kleineren Werten kann sich die Ausführung ohne Limit als Nachteil in Form eines niedrigen Verkaufskurses erweisen.

Eine Alternative zu den automatisch ausgeführten Stop-Loss-Aufträgen besteht in gedanklichen Stoppkursen (Mental-Stopps). Werden diese unterschritten, erteilen Sie selbst einen Verkaufsauftrag, den Sie in diesem Fall mit einem Limit versehen können. Diese Variante der Stopp-Strategie ist zeitaufwändiger, da Sie Ihre Positionen permanent im Auge behalten müssen, schützt Sie aber vor dem „ungewollten Ausstoppen" in Folge hoher Tagesschwankungen.

Die Möglichkeit zur Überprüfung der Situation vor dem endgültigen Verkauf beim Mental-Stopp kann sich sowohl als Vorteil als auch als Nachteil erweisen. Dies hängt davon ab, ob Sie die nötige Selbstdisziplin aufbringen, um die Stopp-Strategie konsequent zu handhaben.

Mit einem Mental-Stopp können Sie zudem auf Sondersituationen flexibel reagieren. Ausverkaufskurse, wie wir sie beispielsweise nach den Terroranschlägen von New York gesehen haben, sind der falsche Zeitpunkt, um Aktien zu verkaufen. Wenn Panik an den Börsen herrscht, ist die Wahrscheinlichkeit hoch, dass eine Übertreibung nach unten stattfindet und darauf bald eine Erholung folgt. In einem solchen Fall sollten Sie auf den Verkauf der Aktien verzichten.

In den meisten Fällen ist es allerdings kaum möglich zu beurteilen, ob die Entwicklung dauerhaft oder – wie bei den Sondersituationen – nur kurzfristig ist. Im Zweifel sollten Sie sich für den Verkauf entscheiden. Die konsequente Handhabung ist eine wichtige Voraussetzung für den Erfolg einer Stopp-Strategie. Der Verzicht auf den Verkauf der Position trotz Unterschreitung des gedanklichen Stoppkurses muss unbedingt die Ausnahme bleiben.

Falls Sie feststellen, dass Ihnen regelmäßig Ausreden einfallen und Sie sich in den meisten Fällen doch nicht von dem Wertpapier trennen können, steigen Sie sicherheitshalber auf Stop-Loss-Aufträge um. Mit einer Stopp-Strategie, die nicht konsequent eingehalten wird, tun Sie sich keinen Gefallen. Und von Risikobegrenzung kann in diesem Fall auch keine Rede sein.

Vor- und Nachteile von Stop-Loss und Mental-Stopp

Stop-Loss-Auftrag	Mental-Stopp
Vorteile:	**Vorteile:**
• Verlustbegrenzung wird in jedem Fall durchgeführt	• (kritische) Überprüfung der Situation vor dem Verkauf möglich
• geringer Zeitaufwand	• Erteilung eines Limits möglich
Nachteile:	**Nachteile:**
• Verkauf erfolgt unlimitiert, niedriger Verkaufspreis möglich	• (unkritische) Überprüfung der Situation vor dem Verkauf möglich
• Gefahr des „ungewollten Ausstoppens" bei hohen Tagesschwankungen	• permanente Überwachung notwendig

Im INNOVATION INVESTOR verwende ich mentale Stoppkurse. Dabei orientiere ich mich ausschließlich an Tagesschlusskursen. Wenn ich einen Verkauf für ratsam halte, erhalten Sie sofort eine E-Mail, ein Fax oder eine SMS mit allen notwenigen Informationen von mir. Bitte verkaufen Sie Ihre Positionen nicht vorher, auch nicht wenn der Stoppkurs zwischenzeitlich unterschritten wurde.

Bei den volatilen HighTech-Aktien besteht nämlich sonst die Gefahr, zum Tagestief ausgestoppt zu werden und bei der anschließenden Erholung dann nicht mehr dabei zu sein. Zudem gibt mir dies die Gelegenheit, auf Sondersituationen (Ausverkaufskurse bei Panik) entsprechend zu reagieren und den Ausstieg zurückzustellen, bis wieder bessere Kurse am Markt erzielbar sind.

Dies sollten Sie beim Einsatz von Stoppkursen beachten

- Falls Sie wie ich mit Mental-Stopps arbeiten wollen, müssen Sie die Kurse aller Ihrer Wertpapiere nicht mehrmals am Tag abfragen. Sie erhalten von mir jedes Mal eine Mail, ein Fax oder eine SMS, wenn ein Stoppkurs bei einer meiner Empfehlungen unterschritten wurde und es an der Zeit ist zu verkaufen.

- Falls Sie lieber mit automatischen Stop-Loss-Aufträgen arbeiten wollen, erteilen Sie diese stets an dem Handelsplatz mit der höchsten Liquidität (die gleiche Börse, die ich Ihnen bei der Kaufempfehlung angegeben habe). Dies hat für Sie gleich zwei Vorteile: Erstens sind die Tagesschwankungen dort geringer und die Gefahr des „ungewollten Ausstoppens" kleiner. Zweitens profitieren Sie von einer höheren Nachfrage und somit auch von einem besseren Kurs, falls Ihr Stoppkurs unterschritten werden sollte.

- Wenn Sie für längere Zeit (etwa im Urlaub) keine Verkaufsaufträge erteilen können, steigen Sie vorher auf automatische Stop-Loss-Aufträge um. Ansonsten droht Ihnen möglicherweise nachher eine böse Überraschung.

- Bevorzugen Sie bei Wertpapieren mit sehr geringen Tagesumsätzen und hohen Tagesschwankungen (beispielsweise Optionsscheine) lieber Mental-Stopps. Mit Stop-Loss-Aufträgen laufen Sie Gefahr, Ihre Position zu einem sehr niedrigen Kurs loszuwerden, falls nicht genügend Nachfrage im Markt ist. Einige professionelle Trader setzen mit Absicht so genannte „Abstauberlimits" bei ihren Kaufaufträgen ein, in der Hoffnung, dass sie damit unlimitierte Verkäufe mit deutlichem Kursabschlag „abstauben" können.

Risikobegrenzung im Gesamtdepot: Warum eine durchdachte Diversifikation so wichtig ist

Der bekannte Grundsatz „je höher die Rendite, desto höher auch das Risiko" gilt lediglich bei Einzelwerten. Für mehrere Positionen zusammengenommen sieht die Sache anders aus. Durch geschickte Mischung verschiedener Wertpapiere können Sie eine Verbesserung des Rendite-Risiko-Verhältnisses Ihres Gesamtdepots erreichen.

Der folgende Chart verdeutlicht die Wirkung der Diversifikation (Risikostreuung durch Investitionen in verschiedene Wertpapiere). Bereits ab 2 Wertpapieren ist das Risiko (in Form von Kursschwankungen) des Depots wesentlich geringer als das Risiko der beiden Einzelwerte. Die Rendite bleibt dagegen gleich.

Risikobegrenzung durch Diversifikation

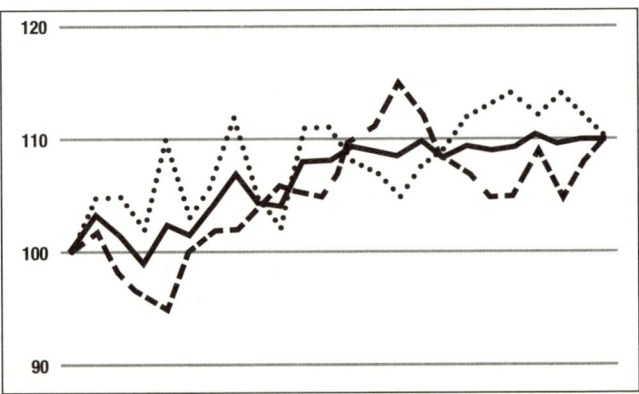

Der Chart zeigt die Entwicklungen zweier Aktien (Strich-/Punkt-Linien) und die Entwicklung des Gesamtdepots (durchgezogene Linie), welches aus den beiden Aktien besteht. Im Vergleich zu den Einzelaktien weist das Gesamtdepot wesentlich geringere Schwankungen auf. Bei gleicher Rendite ist das Risiko des Gesamtdepots geringer.

Wie Sie die Diversifikation Ihres Depots verbessern

Für eine gute Diversifikation ist es wichtig, dass die Kurse der verschiedenen Einzelwerte möglichst wenig voneinander abhängig sind (korrelieren). Je ähnlicher sich Wertpapiere sind, desto höher ist ihre Korrelation und desto schlechter die Diversifikation des Gesamtdepots.

Wenn Ihr Depot beispielsweise ausschließlich aus Aktien deutscher Automobilhersteller besteht, ist dies für die Risikostreuung denkbar ungünstig. Die Korrelation dieser Einzelwerte ist sehr hoch, eine Diversifizierung praktisch nicht gegeben. Wenn eines dieser Unternehmen schlechte Zahlen meldet, geben die Kurse der anderen Auto-Aktien voraussichtlich ebenfalls nach.

Wenn Sie stattdessen Ihre Aktien-Investments auf mehrere Branchen und Länder verteilen, verbessern Sie damit die Diversifikation Ihres Depots und mindern Ihr Risiko.

Börsenhandel leicht gemacht – alles Wissenswerte zum Wertpapierkauf

Wie Sie die richtige Bank finden

Ich empfehle Ihnen, trotz eines möglicherweise bereits vorhandenen Depotkontos bei Ihrer Hausbank vor Ort, ein Konto bei einer Direktbank einzurichten. Diese bieten Ihnen günstige Konditionen und eine umgehende Oderausführung. Direktbanken unterhalten kein Filialnetz. Sie wickeln alle Geschäfte über das Internet, Telefon oder Telefax ab. Das reduziert die Geschäftskosten erheblich. Die Einsparungen geben die Direktbanken in Form von niedrigeren Gebühren beim Kauf von Wertpapieren an Sie als Kunde weiter. Die Depotführung bei einer Direktbank ist für Sie besonders dann vorteilhaft, wenn Sie als Anleger

- sehr engagiert sind und Ihr Depot häufig umschichten,

- auf eine schnellstmögliche Abwicklung Ihrer Aufträge Wert legen,

- das Internet zur Auftragsvergabe und -überwachung nutzen und

- regelmäßig auch Hebel-Instrumente nutzen wollen, deren Kurse sich sekundenschnell erheblich ändern können.

In der Übersicht auf den folgenden Seiten finden Sie den aktuellen Leistungsstand der wichtigsten deutschen Direktbanken und Discountbroker, den Sie mit den Leistungen Ihrer Hausbank vergleichen sollten.

Denken Sie dabei daran, dass sich die in der Übersicht genannten Eckdaten innerhalb weniger Wochen verändern können. Das betrifft grundsätzlich aber auch das übrige Leistungsspektrum der Banken.

	1822direkt	comdirect
Internetadresse	www.1822direkt.com	www.comdirect.de
Telefon	069-94170-0	01803/4445
Handel mit Aktien		
Anzahl ausländischer Börsenplätze	alle	46
Intraday Handel	ja	ja
Außerbörslicher Handel per Telefon	nein	ja
Außerbörslicher Handel per Internet	ja	ja
Handel mit Anleihen		
Alle gehand. Papiere an deutschen Börsen	ja	ja
Außerbörslicher Handel	ja	ja
Handel mit Fonds		
Anzahl ohne Ausgabeaufschlag	k.A.	1.500
Anzahl mit reduz. Ausgabeaufschlag	500	8.500
Sparpläne		
Monatliche Mindestsparrate	50,00 €	25,00 €
Anzahl Fondssparpläne	500	300
Anzahl Zertifikatesparpläne	0	150
Onlineordergebühren für Aktien		
Auftrag bis 2.000 €	15,00 €	9,90 €
Auftrag bis 5.000 €	15,00 €	17,40 €
Auftrag bis 10.000 €	28,00 €	29,90 €
Auftrag bis 20.000 €	40,00 €	54,90 €
Zzgl. Maklergebühr im Parketthandel	0 €	2,50 €
Zzgl. Maklergebühr im Xetrahandel	0 €	1,50 €
Telefonordergebühren		
Zuschlag zur Onlineordergebühr	8,00 €	4,90 €
Limitgebühren		
Vormerkung	kostenlos	kostenlos
Änderung	5,00 €	2,50 €
Streichung	5,00 €	2,50 €
Nichtausführung	5,00 €	2,50 €
Depotkosten		
Jährl. Depotgebühr bei 50.000 €	kostenlos	23,40 €
Verzinsung Guthaben ab	1,60%	1,20%
Kostenlose Realtimekurse		
Kunden	ja	ja
Nichtkunden	nein	nein

Börsenhandel leicht gemacht – alles Wissenswerte zum Wertpapierkauf

	Cortal Consors	DAB bank
Internetadresse	www.cortalconsors.de	www.dab-bank.de
Telefon	01803/3031000	01802/254500
Handel mit Aktien		
Anzahl ausländischer Börsenplätze	17	20
Intraday Handel	ja	ja
Außerbörslicher Handel per Telefon	ja	ja
Außerbörslicher Handel per Internet	ja	ja
Handel mit Anleihen		
Alle gehand. Papiere an deutschen Börsen	ja	ja
Außerbörslicher Handel	nein	ja
Handel mit Fonds		
Anzahl ohne Ausgabeaufschlag	1.500	500
Anzahl mit reduz. Ausgabeaufschlag	6.500	4.000
Sparpläne		
Monatliche Mindestsparrate	25,00 €	50,00 €
Anzahl Fondssparpläne	260	180
Anzahl Zertifikatesparpläne	50	132
Onlineordergebühren für Aktien		
Auftrag bis 2.000 €	9,95 €	9,95 €
Auftrag bis 5.000 €	17,45 €	17,45 €
Auftrag bis 10.000 €	29,95 €	29,95 €
Auftrag bis 20.000 €	54,95 €	54,95 €
Zzgl. Maklergebühr im Parketthandel	2,95 €	2,90 €
Zzgl. Maklergebühr im Xetrahandel	0,95 €	1,50 €
Telefonordergebühren		
Zuschlag zur Onlineordergebühr	14,95 €	10,00 €
Limitgebühren		
Vormerkung	kostenlos	kostenlos
Änderung	2,50 €	2,50 €
Streichung	2,50 €	2,50 €
Nichtausführung	kostenlos	kostenlos
Depotkosten		
Jährl. Depotgebühr bei 50.000 €	kostenlos	kostenlos
Verzinsung Guthaben ab	1,50%	1,10%
Kostenlose Realtimekurse		
Kunden	ja	ja
Nichtkunden	nein	nein

	Flatex	ING DiBa
Internetadresse	www.flatex.de	www.diba.de
Telefon	01805/352839	01802/445588
Handel mit Aktien		
Anzahl ausländischer Börsenplätze	10	0
Intraday Handel	ja	ja
Außerbörslicher Handel per Telefon	nein	ja
Außerbörslicher Handel per Internet	ja	ja
Handel mit Anleihen		
Alle gehand. Papiere an deutschen Börsen	ja	ja
Außerbörslicher Handel	ja	ja
Handel mit Fonds		
Anzahl ohne Ausgabeaufschlag	1.500	800
Anzahl mit reduz. Ausgabeaufschlag	3.500	4.000
Sparpläne		
Monatliche Mindestsparrate	25,00 €	50,00 €
Anzahl Fondssparpläne	19	100
Anzahl Zertifikatesparpläne	0	0
Onlineordergebühren für Aktien		
Auftrag bis 2.000 €	5,00 €	9,90 €
Auftrag bis 5.000 €	5,00 €	12,50 €
Auftrag bis 10.000 €	5,00 €	25,00 €
Auftrag bis 20.000 €	5,00 €	49,90 €
Zzgl. Maklergebühr im Parketthandel	jew. Maklercourt.	0 €
Zzgl. Maklergebühr im Xetrahandel	1,23 €	0 €
Telefonordergebühren		
Zuschlag zur Onlineordergebühr	10,00 €	10,00 €
Limitgebühren		
Vormerkung	kostenlos	kostenlos
Änderung	kostenlos	kostenlos
Streichung	kostenlos	kostenlos
Nichtausführung	kostenlos	kostenlos
Depotkosten		
Jährl. Depotgebühr bei 50.000 €	kostenlos	kostenlos
Verzinsung Guthaben ab	0%	1,50%
Kostenlose Realtimekurse		
Kunden	ja	ja
Nichtkunden	nein	nein

	maxblue	Onvistabank
Internetadresse	www.maxblue.de	www.onvistabank.de
Telefon	01818/1000	069/7107-500
Handel mit Aktien		
Anzahl ausländischer Börsenplätze	26	3
Intraday Handel	ja	ja
Außerbörslicher Handel per Telefon	ja	ja
Außerbörslicher Handel per Internet	ja	ja
Handel mit Anleihen		
Alle gehand. Papiere an deutschen Börsen	ja	ja
Außerbörslicher Handel	ja	ja
Handel mit Fonds		
Anzahl ohne Ausgabeaufschlag	750	150
Anzahl mit reduz. Ausgabeaufschlag	4.500	700
Sparpläne		
Monatliche Mindestsparrate	50,00 €	50,00 €
Anzahl Fondssparpläne	100	70
Anzahl Zertifikatesparpläne	50	22
Onlineordergebühren für Aktien		
Auftrag bis 2.000 €	7,50 €	10,59 €
Auftrag bis 5.000 €	12,50 €	17,49 €
Auftrag bis 10.000 €	25,00 €	28,99 €
Auftrag bis 20.000 €	39,90 €	39,00 €
Zzgl. Maklergebühr im Parketthandel	3,00 €	mind. 0,75 €
Zzgl. Maklergebühr im Xetrahandel	0,50 €	mind. 0,75 €
Telefonordergebühren		
Zuschlag zur Onlineordergebühr	9,90 €	10,00 €
Limitgebühren		
Vormerkung	kostenlos	kostenlos
Änderung	4,90 €	kostenlos
Streichung	4,90 €	kostenlos
Nichtausführung	kostenlos	kostenlos
Depotkosten		
Jährl. Depotgebühr bei 50.000 €	kostenlos	47,88 €
Verzinsung Guthaben ab	0%	0%
Kostenlose Realtimekurse		
Kunden	ja	ja
Nichtkunden	ja	nein

	easytrade (Postbank)	S Broker (Sparkasse)
Internetadresse	www.easytrade.de	www.sbroker.de
Telefon	0180/3040500	0800/2080900
Handel mit Aktien		
Anzahl ausländischer Börsenplätze	5	28
Intraday Handel	ja	ja
Außerbörslicher Handel per Telefon	ja	nein
Außerbörslicher Handel per Internet	ja	ja
Handel mit Anleihen		
Alle gehand. Papiere an deutschen Börsen	ja	ja
Außerbörslicher Handel	ja	ja
Handel mit Fonds		
Anzahl ohne Ausgabeaufschlag	170	700
Anzahl mit reduz. Ausgabeaufschlag	3.250	3.300
Sparpläne		
Monatliche Mindestsparrate	50,00 €	50,00 €
Anzahl Fondssparpläne	100	180
Anzahl Zertifikatesparpläne	15	30
Onlineordergebühren für Aktien		
Auftrag bis 2.000 €	9,95 €	10,00 €
Auftrag bis 5.000 €	14,95 €	15,00 €
Auftrag bis 10.000 €	19,95 €	20,00 €
Auftrag bis 20.000 €	19,95 €	30,00 €
Zzgl. Maklergebühr im Parketthandel	2,02–2,97 €	2,50 €
Zzgl. Maklergebühr im Xetrahandel	3,59 €	0,95 €
Telefonordergebühren		
Zuschlag zur Onlineordergebühr	3,95 €	9,95 €
Limitgebühren		
Vormerkung	kostenlos	kostenlos
Änderung	2,50 €	kostenlos
Streichung	2,50 €	kostenlos
Nichtausführung	2,50 €	kostenlos
Depotkosten		
Jährl. Depotgebühr bei 50.000 €	9,84 €	kostenlos
Verzinsung Guthaben ab	1,80%	1,75%
Kostenlose Realtimekurse		
Kunden	nein	ja
Nichtkunden	nein	nein

Um sich über den jeweils aktuellen Stand der Konditionen der Direktbanken, Discountbroker und großen Privatbanken zu informieren, nutzen Sie die Möglichkeiten, sich telefonisch oder auch über das Internet ein genaues Bild zu machen. Wichtige Kriterien sind: Ordergebühren, die Möglichkeit, innerhalb eines Tages zu kaufen und verkaufen (Intraday-Handel) und die Limitgebühren.

Direkthandel per Internet

Am einfachsten ist die Orderaufgabe per Internet. Hier können Sie schnell und kostengünstig Ihren Auftrag aufgeben. Aus der Tabelle auf den vorhergehenden Seiten können Sie entnehmen, dass gerade die Direktbanken diesen Weg favorisieren. Ihr Vorteil: Sie müssen nicht Stunden oder bis zum nächsten Tag warten, um zu sehen, ob und zu welchem Kurs Ihre Order ausgeführt wurde. Ob und zu welchem Kurs eine Transaktion erfolgt ist, erfahren Sie in der Regel innerhalb weniger Minuten.

Speichern ...

Speichern Sie Ihren Auftrag und später auch die Auftragsbestätigung der Bank. In der Regel sind hier alle Ihre Angaben vermerkt. Schon kurze Zeit später können Sie in Ihrem Depot sehen, zu welchem Kurs Ihr Auftrag ausgeführt wurde oder später bei Erreichen des Limits verbucht wird.

und prüfen ...

Jede Verspätung bei der Kauf- oder Verkaufsabwicklung kann Sie bares Geld kosten. Prüfen Sie daher immer, ob Ihr Auftrag auch ausgeführt wurde. Nur weil Sie Ihre Order abgeschickt haben, heißt das noch lange nicht, dass der Auftrag von der Bank auch an die Börse weitergeleitet wurde.

Besonders wichtig ist die Dokumentation Ihres Auftrags, wenn Sie am Direkthandel teilnehmen. Bei dieser Handelsart stellt Ihnen die

Bank für wenige Sekunden einen garantierten Kurs. Sie können entscheiden, ob Sie Ihre Order zu dem gestellten Kurs ausführen lassen oder ob Sie sich später einen neuen Kurs stellen lassen, der dann eher Ihren Vorstellungen entspricht. Wenn Sie das Angebot annehmen und bestätigen, wird Ihre Order zu dem gestellten Kurs garantiert ausgeführt.

Orderaufgabe per FAX oder telefonisch

Ich empfehle Ihnen, nur solche Haus- und Direktbanken zu nutzen, bei denen Sie die Möglichkeit haben, Ihre Aufträge auf jeden Fall (auch) per Fax aufzugeben. Die Weitergabe per Fax ist aus Dokumentationsgründen besser als die Orderaufgabe per Telefon. Lassen Sie sich von Ihrem Faxgerät dazu immer auch gleich ein Sendeprotokoll ausdrucken, auf dem die Uhrzeit der Weitergabe und die Faxnummer aufgedruckt sind, damit Sie bei Reklamationen über entsprechende Unterlagen verfügen. Jede Bank sollte heute in der Lage sein, eine Faxorder innerhalb von 30 Minuten an die Börse zu bringen.

Sende-Protokoll
Absender-FAX-Nr.: 02 28/35 97 10
Empfänger-FAX-Nr.: 0 89/85 17 39 48
Anfangs-Zeit: 08.23 Uhr
Datum: 02.07.2010
FAX-Protokoll-Nr.: 7834

Bei größeren Aufträgen oder der Notwendigkeit, vorgeschlagene Limits zu überprüfen und der sich schnell verändernden Marktlage anzupassen, sollten Sie auch die Möglichkeit haben, Ihre Order telefonisch oder per Internet aufzugeben. Versäumen Sie es bei telefonischen Bankgeschäften aber nicht, sich genaue Notizen über den Zeitpunkt und die anderen Spezifikationen Ihrer Order zu machen, damit Sie bei verspäteter oder Nichtausführung Ihres Auftrags etwas Schriftliches in der Hand haben.

Geben Sie Ihre Aufträge nach dem Muster auf, das auf der nachfolgenden Seite abgebildet ist.

Wo Sie am besten Ihre Order aufgeben

Achten Sie dabei darauf, Ihre Aufträge gezielt an die Börse(n) zu geben, an der (denen) normalerweise die höchsten Wertpapierumsätze stattfinden. Dann ist Ihre Chance umso größer, dass Ihre Ordervorgaben auch erfüllt werden können.

Bei jeder meiner Empfehlungen im INNOVATION INVESTOR erhalten Sie genaue Hinweise darauf, wie und wo Sie Ihre Order am besten platzieren können. Meist wird dies der Xetra-Handel oder das Frankfurter Parkett für Aktienorders und die Stuttgarter Börse für Optionsscheine und Zertifikate sein.

EUWAX-Handel an der Stuttgarter Börse

An der EUWAX, in Stuttgart, werden aktuell mehr als 427.000 Wertpapiere gelistet. Sie ist damit das größte europäische Handelssegment für verbriefte Derivate. Diese werden unterteilt in

- Hebel- (Optionsscheine, Knock-out-Produkte) und

- Anlageprodukte (Anlagezertifikate, Aktienanleihen).

Die Preise werden von Skontroführern (Börsenmaklern) festgestellt, d. h. es erfolgt keine automatische Zusammenführung von Kauf- und Verkaufsorders, wie es bei vollelektronischen Handelssystemen der Fall ist. Der Skontroführer schützt nämlich die im Derivatemarkt schwächere Position des Anlegers dadurch, dass er den Market-Maker zur verbindlichen Quotierung auffordert, ohne ihm den Inhalt des ihm vorliegenden Anlegerauftrags mitzuteilen. So erfährt der Market-Maker der Emissionshäuser z. B. nicht, wie viel Sie maximal pro Optionsschein zu zahlen bereit sind. Ihre Order wird daher nicht automatisch zu Höchstpreisen ausgeführt.

An Bank .....   *Fax-Auftrag (Muster)*

z. H. ....

Orderfax: ....

aufgegeben um .... Uhr

Protokoll Nr. ....

        o   **Kaufen**   o   **Verkaufen**

Sie für mich zu Gunsten/Lasten

meines Depotkontos Nr. ....

Dispositionskontos Nr. ....

Name des Wertpapiers: ....

WKN/ISIN: ....

Stk.	billigst/ bestens	Kurslimit/ Währung	gültig bis	Börsenplatz
....	o	...../.....	....	
....	o	...../.....	....	
....	o	...../....	....	

Absender.................................

Unterschrift: ....

Telefon: ....

Fax: ....

Market-Maker stellen den Referenzmarkt für die Hebel- und Anlageprodukte dar und sind in der Regel identisch mit dem Emittenten der Produkte. Die EUWAX-Richtlinien verpflichten die Market-Maker, während der Handelszeit für ein bestimmtes Mindestvolumen fortlaufend An- und Verkaufspreise für ihre Produkte zu stellen, was zur Erhöhung der Liquidität führt. Der Emittent, also die Bank, die ein Wertpapier ausgegeben hat, tritt als Handelspartner auf.

Beim Handel mit Zertifikaten und Optionsscheinen ist es daher nicht erforderlich, dass Ihnen ein anderer Anleger Wertpapiere verkauft oder abkauft, da der Emittent verpflichtet ist, pro Transaktion ein Mindestvolumen zu stellen. Dieses Mindestvolumen muss bei Hebel-Produkten (Optionsscheine, Hebel-Zertifikate) mindestens 3.000 € betragen. Für Anlageprodukte (Strategiezertifikate, Aktienanleihen etc.) gilt sogar ein Mindestvolumen von 10.000 € oder mindestens 10.000 Stück des Wertpapiers (der Emittent hat hier das Wahlrecht).

In der Praxis heißt das: Wenn Sie Optionsscheine im Wert von bis zu 3.000 € kaufen oder verkaufen möchten, muss der Emittent Ihnen aktuell angemessene Kurse stellen und auch als Handelspartner auftreten. Die Volumina von 3.000 und 10.000 € sind nur Mindestbeträge. Die Emittenten können auf freiwilliger Basis deutlich mehr anbieten. Es gibt allerdings 3 Ausnahmen: a) besondere Umstände wie technische Störungen, b) besondere Marktsituationen (zum Beispiel Terroranschläge) und c) vorübergehender Ausverkauf der Emission (dann stellt der Emittent nur einen Rückkaufkurs).

Limit-Kontroll-System

Ein sogenanntes Limit-Kontroll-System überprüft permanent, ob ein eingehender Auftrag ausführbar ist. Dabei wird nicht nur überwacht, ob der Auftrag gegen andere Kundenaufträge im eigenen Orderbuch, sondern auch, ob er innerhalb der vom Market-Maker veröffentlichten Quoten ausführbar ist. Ist nach der Plausibilitäts-prüfung des Skontroführers eine markt- und regelgerechte Preis-feststellung zu bejahen, stellt er den Preis fest und führt den Auf-trag des Anlegers aus.

Best-Price-System

An der EUWAX gilt das „Best-Price-Prinzip". Wenn Wertpapiere an einem Referenzmarkt (zum Beispiel Börse Frankfurt) günstiger angeboten werden, dürfen die Wertpapiere in Stuttgart nicht teurer als in Frankfurt gehandelt werden.

Für die klare Kennzeichnung: WKN, ISIN und US-Kürzel

Damit Sie jede Empfehlung des INNOVATION INVESTOR beim Kauf und Verkauf eindeutig zuordnen können, erhalten Sie stets die WKN und die ISIN, für Orders an US-Börsen zusätzlich das US-Kürzel.

WKN ist die Abkürzung für Wertpapierkennnummer. Jedes bör-sennotierte Wertpapier hat eine eigene Nummer, damit es eindeu-tig identifiziert werden kann. Die WKN gilt nur in Deutschland und ist immer sechsstellig. Beispiel: Die WKN von Microsoft lautet 870747.

Um den internationalen Börsenhandel zu erleichtern, gibt es seit einiger Zeit die ISIN (International Security Identification Number). Mit dieser zwölfstelligen Kennnummer können Sie auch im Aus-land Wertpapiere zuordnen und ordern. Die ISIN beginnt mit dem zweistelligen Ländercode (in Deutschland: DE). Anhand des Län-dercodes können Sie das Ursprungsland erkennen.

Beim Kauf und Verkauf von Wertpapieren reicht es, wenn Sie die WKN oder die ISIN angeben. Mittelfristig soll die internationale ISIN die deutsche WKN vollständig ersetzen.

Beispiel: Die ISIN für Microsoft lautet US5949181045.

Beachten Sie: Bei den ISIN-Kennzahlen werden die beiden Buchstaben „O" und „I" nicht verwendet, weil sie zu leicht mit den Ziffern „0" und „1" verwechselt werden könnten. Die ISIN enthält bei deutschen Werten das Länderkürzel „DE", dreimal die Null „000" und die WKN. Die letzte Zahl ist eine Prüfziffer.

Das US-Kürzel (engl. Symbol) besteht aus bis zu vier Buchstaben. Oft handelt es sich dabei um Konsonanten aus dem Unternehmensnamen. Das Kürzel von Microsoft lautet MSFT. Auch andere einprägsame Kürzel sind möglich, beispielsweise besitzt das Biotechunternehmen Genentech das Kürzel DNA.

Wie Sie Ihre Gewinne im Turbo-Depot mit Optionsscheinen und Hebel-Zertifikaten vervielfachen

Besonders risikofreudige Anleger kommen mit meinem Turbo-Depot voll auf ihre Kosten. Hier empfehle ich Ihnen Optionsscheine und Hebel-Zertifikate, mit denen Sie dreistellige Gewinne einfahren können. Selbst vierstellige Gewinne, wie Sie meine Leser schon mit einem Apple-Optionsschein realisiert haben, sind öfter möglich als Sie vielleicht denken.

Bedenken Sie dabei aber bitte stets: Den hohen Renditechancen stehen auch hohe Risiken gegenüber. Ein konsequentes Risikomanagement, wie ich es Ihnen in diesem Handbuch ab der Seite 28 erläutert habe, ist beim Einsatz von Hebelprodukten von entscheidender Bedeutung. Im INNOVATION INVESTOR übernehme ich diese Arbeit für Sie. Immer wenn ein Verkauf notwendig wird, erhalten Sie umgehend eine Eilmeldung per E-Mail oder Fax von mir.

Ich rate Ihnen dazu, Optionsscheine und Hebel-Zertifikate nur einzusetzen, wenn Sie mit Ihrer Funktionsweise vertraut sind. Sie müssen keine Doktorarbeit darüber schreiben können, aber Sie sollten zumindest die Grundlagen der Kursfeststellung und die wichtigsten Kennzahlen verstehen. Finanzprodukte zu kaufen, von denen Sie überhaupt nicht wissen, wie Sie funktionieren, ist ein Glücksspiel, auf das Sie sich lieber nicht einlassen sollten.

Auf den nachfolgenden Seiten vermittle ich Ihnen die Grundlagen zu Optionsscheinen und Hebel-Zertifikaten. Mit diesem Wissen sind Sie bestens gerüstet, um meine Empfehlungen für das Turbo-Depot erfolgreich umzusetzen.

Basiswissen über Optionsscheine

Das folgende Kapitel zeigt Ihnen, dass Optionsscheine nicht nur für Daytrader geeignet sind, die jetzt einsteigen und in 10 Minuten schon wieder hektisch verkaufen. Sie können auch als risikobewusster Investor Optionsscheine als mittel- bis langfristige Trading-Positionen sinnvoll einsetzen, um hohe Gewinne damit zu erzielen. Dafür benötigen Sie:

- Ihre Erfahrung an den Aktienbörsen und einen bevorzugten Titel als Basiswert (Beispiel Google)

- Kenntnisse über Optionsscheine, wie sie Ihnen in diesem Kapitel vermittelt werden

- Das Wissen, dass höhere Gewinnchancen auch zwangsläufig mit größeren Risiken verbunden sind. Sie müssen sich nicht für einen Schein mit einem 20-fachen Hebel entscheiden. Ein „kleiner Hebel" kann auch sinnvoll sein.

- Das Wissen über die richtigen Kennzahlen, auf die es ankommt, damit Sie aus mehr als 200.000 in Deutschland handelbaren Optionsscheinen einfach den besten aussuchen können.

Selbst wenn Sie bislang noch keine oder wenig Erfahrungen mit Optionsscheinen erworben haben, sollten Sie sich von den schwierigen theoretischen Einführungen durch die Banken nicht irritieren lassen. Es genügt, wenn Sie sich mit den wichtigsten Eigenschaften befassen. Sie erhalten in den Mitteilungen von mir die wichtigsten Kennzahlen. Zwar gibt es mehr als ein Dutzend Kennzahlen für Optionsscheine, die aber zumeist auch professionellen Großinvestoren nicht mehr weiterhelfen, weil sie zu komplex sind.

Wenn Sie eineen Optionsschein auf einen Basiswert (beispielsweise auf die Aktie von Google) kaufen, haben Sie das Recht, eine be-stimmte Menge des Basiswerts zu einem vorab festgelegten Preis (Basispreis) zu kaufen (Call) oder zu verkaufen (Put). Beachten Sie: Calls können Sie bei steigenden Preisen einsetzen, um die Gewinne zu hebeln.

Mit Puts spekulieren Sie dagegen auf fallende Kurse. Dies kann beispielsweise dann sinnvoll sein, wenn das Unternehmen demnächst Geschäftszahlen veröffentlicht und die Erwartungshaltung der Analysten so hoch ist, dass diese kaum zu übertreffen ist. Meldet das Unternehmen dann nicht die erwarteten Traumzahlen, so geht es mit dem Aktienkurs steil bergab.

Das Bezugsverhältnis gibt an, auf wie viele Einheiten des Basiswertes sich der Optionsschein bezieht (üblich von 1 Basiswert für 1 Optionschein [1:1] bis zu 1 Basiswert für 1.000 Optionsscheine

---

Beispiel: Optionsschein auf SAP

Typ: Kaufoption (Call)
Basiswert: SAP
Bezugsverhältnis: 0,1 bzw. 1:10
Basispreis: 30,00 €
Laufzeit: 12.12.2016
Kurs Optionsschein: 1,20 €
Kurs Basiswert: 40,00 €

[1:1.000]).

Der Käufer des Optionsscheins erwirbt das Recht, bis zum 12. Dezember 2016 für 10 Optionsscheine eine SAP-Aktie zum Preis von 30,00 € (Basispreis) zu kaufen. Dafür zahlt der Anleger den Preis von 1,20 € je Optionsschein. Vorteil: Steigt der Aktienkurs ausgehend von 40,00 € weiter, wird der Optionsschein wertvoller.

Ihre Vorteile dank der Hebel-Wirkung von Optionsscheinen

Entweder Sie erzielen bei positivem Verlauf mit gleichem Einsatz höhere Gewinne, oder mit niedrigerem Einsatz den gleichen

Gewinn wie beim Direktkauf etwa der Aktie.

Achtung: Mit den höheren Gewinnchancen kaufen Sie automatisch größere Verlustrisiken ein, denn die Hebel-Wirkung funktioniert auch in die andere Richtung. Der SAP-Call aus dem Beispiel besitzt bei einem Aktienkurs von 40,00 € einen inneren Wert von 1,00 € (Wie Sie den „inneren Wert" genau berechnen, erfahren Sie auf der Seite 62). Fällt der Kurs der SAP-Aktie auf 30,00 €, liegt der innere Wert bei 0 €. Der Hebel steht in diesem Beispiel bei 5 (5-mal so hohe Verluste wie bei dem Direktkauf einer SAP-Aktie). Schlimmstenfalls können Sie sogar Ihren gesamten Einsatz verlieren.

Risikobegrenzung im Turbo-Depot

An diesem Beispiel sehen Sie, wie groß die Gewinnchancen, aber auch die Verlustrisiken bei Optionsscheinen sind. Daher auch mein Ratschlag, maximal ein Drittel Ihrer Investments in Hebelprodukte anzulegen. Arbeiten Sie bei Optionsscheinen immer mit Stoppkursen. Wegen der hohen Hebel und der damit verbundenen stärkeren Kursschwankungen setzen Sie den Stoppkurs etwa 30 bis 40% unterhalb des aktuellen Kurses. Den genauen (mentalen) Stoppkurs gebe ich Ihnen bei jeder Empfehlung an.

Auf diese Weise ist Ihr Verlustrisiko begrenzt, Ihre Gewinnmöglichkeiten sind dagegen unbegrenzt. Das macht Gewinne von über 1.000% möglich, wie sie meine Leser beispielsweise mit dem im Dezember 2008 verkauften Apple-Call realisiert haben. Neben der Auswahl der richtigen Werte, die ich für Sie übernehme, besteht in der konsequenten Begrenzung von Verlusten das Geheimnis vieler erfolgreicher Investoren.

Die „implizite Volatilität": ein oft unterschätzter Wert-Faktor

Eine weitere wichtige Komponente, die den Preis eines Optionsscheins beeinflusst, ist die implizite Volatilität. Darunter versteht man die erwartete Schwankungsbreite des Basiswertes. Bei stark schwankenden Kursen können Sie eher davon ausgehen, dass diese einmal einen inneren Wert aufbauen („gewinnen"). Daher werden Sie mit Optionsscheinen mehr gewinnen, je stärker die Märkte schwanken.

Faustformel für Sie: Je höher die Volatilität, umso teurer der Optionsschein. Je höher die Volatilität, desto nervöser werden die Märkte allerdings auch.

Daraus können Sie folgende Konsequenz ableiten: Sobald Sie mit starken Schwankungen in der Zukunft rechnen, sind Optionsscheine eine erstklassige Wahl: Sie kaufen diese, solange die Marktschwankungen noch nicht sehr groß sind, und verkaufen sie bei stärker schwankenden Märkten.

Das bedeutet die Volatilität für Ihre Optionsschein-Auswahl

Fallende Börsenkurse sind meist mit einer steigenden Volatilität verbunden. Das tut den Optionspreisen gut. Put-Optionen profitieren bei fallenden Kursen oft doppelt. Sie gewinnen durch die richtige Entwicklung des Basiswertes und erhalten einen zusätzlichen Schub durch die „Vola".

Achtung vor der „Vola-Falle"

Steigende Preise gehen hingegen meist mit einer fallenden Schwankungsbreite einher. Mit einem Call (Kauf-Optionsschein) profitieren Sie dann zwar von den Kursgewinnen des Basiswertes, doch die rückläufige Volatilität macht die Option billiger. Das kann sogar so weit führen, dass ein Call-Optionsschein an Wert verliert, obwohl der zugehörige Basiswert gestiegen ist. Man spricht in einer solchen Situation von der „Vola-Falle", in die auch Optionsschein-Profis noch tappen. Dennoch können Sie ein böses Erwachen vermeiden. Sie können die „Vola" im Auge behalten, einschätzen und von ihr gegebenenfalls profitieren. Oder Sie entscheiden sich für einen Optionsschein, der kaum unter den

Änderungen der Schwankungsbreite leidet.

Mit dieser Strategie finden Sie den richtigen Optionsschein

Die Optionsschein-Auswahl ist kein leichtes Unterfangen. Bei einer sechsstelligen Anzahl von Optionsscheinen, die in Deutschland gehandelt werden, gleicht dieser Prozess sogar der Suche nach der bekannten „Nadel im Heuhaufen". Im INNOVATION INVESTOR übernehme ich diese Arbeit für Sie.

Die meisten Optionsscheine beziehen sich auf Aktien oder Aktienindizes. Darüber hinaus können Sie im spekulativen Bereich Optionsscheine auf diese Basiswerte finden:

- Zinsen oder Anleihekurse (Bund-Future)

- Devisenkurse wie zum Beispiel Euro/Dollar-Verhältnis

- Edelmetalle wie Gold, Silber oder Platin

Gehen Sie bei der Auswahl schrittweise vor. Hilfestellung bietet Ihnen das Internet als schnellstes Medium für solche Titel. Finanzdienstleister wie die Kölner Onvista AG (www.onvista.de) oder die führende Optionsscheinbörse in Stuttgart (www.euwax.de) bieten auf ihren Internet-Seiten wertvolle Werkzeuge zur Optionsscheinanalyse.

Weiche Kriterien: Der richtige Optionsscheinhandel

Neben den harten Fakten können bei der Optionsscheinauswahl auch weiche Kriterien eine Rolle spielen. Achten Sie beispielsweise auf die Handelszeiten.

Denn: Nicht jeder Emittent stellt bis zum Schluss der Wall Street um 22 Uhr Kurse. Damit verpasst ein Optionsschein die neuesten Entwicklungen. Nicht nur, dass Ihnen damit eine Gewinn-Chance entgeht. Besonders ärgerlich sind die unnötigen Verlustrisiken. **Mein Tipp:** Achten Sie zudem auf Werbeaktionen der verschiedenen Emittenten. Einige Direktbanken bieten Optionsscheine zeitweise günstig an (ohne Spread = Differenz zwischen An- und Verkaufskurs).

Nach der Auswahl des passenden Optionsscheins stellt sich die Frage nach dem besten Handel. Hier haben Sie als Anleger zwei Möglichkeiten: Sie können den Optionsschein

- über die Börse erwerben
- oder direkt mit dem Emittenten handeln

a) Der Handel über die Börse

Der Handel von Optionsscheinen und anderen verbrieften Derivaten ist über die Börsen in Frankfurt, Stuttgart, Düsseldorf und Berlin möglich. Achtung: Über das elektronische Handelssystem Xetra sind solche Produkte nicht handelbar.

Die Umsatzverhältnisse sind im Segment Optionsscheine anders verteilt als bei Aktien. Während Xetra und das Frankfurter Parkett bei deutschen Standardaktien fast den kompletten Umsatz anziehen, liegt bei Optionsscheinen die Stuttgarter Börse vorn. Das Segment EUWAX bringt es auf einen Marktanteil von mehr als 80%. Als Börsenplatz empfehle ich Ihnen fast immer die liquiden Derivatebörsen in Stuttgart oder Frankfurt. Wie groß die Börsenumsätze sind, spielt in der Praxis allerdings kaum eine Rolle. In mehr als 90% der Fälle handeln Sie als Investor ohnehin mit dem Emittenten. Konkret passiert Folgendes:

- Sie ordern Optionsscheine genau wie beim Aktienkauf.

- Der Makler an der Börse prüft, ob das Limit der Order zu dem

Geld- oder Briefkurs des Emittenten passt.

- Ist dies der Fall, kommt der Handel zustande.

Vorteil des Händlerhandels: So haben Sie Sicherheit, dass Sie Optionsscheine über die Börse an- und verkaufen können. Falls Sie Orders platzieren wollen, erkundigen Sie sich nach den Umsätzen (und Preisen) in Stuttgart und Frankfurt.

b) Der außerbörsliche Handel

Neben dem Handel über eine Börse bieten einige Banken auch den Direkthandel mit dem Emittenten an. Hier nennt der Optionsscheinanbieter einen Preis, der bis zu einer bestimmten Stückzahl gültig ist. Sie haben dann einige Sekunden Zeit, um den Preis zu akzeptieren.

Ihre Vor- und Nachteile beim außerbörslichen Handel:

Der außerbörsliche Handel ist kostengünstiger, weil hier die Maklercourtage entfällt. Zudem können Sie bei den meisten Emittenten länger handeln als über die Börsen. Die Börsenplätze haben in der Regel von 9 bis 20 Uhr geöffnet.

Gute Optionsscheinanbieter stellen Ihnen Kurse von 8 bis 22 Uhr, also bis zur Schlussglocke an der New Yorker Wall Street.

An der Börse können Sie für Optionsscheine auch Limit- oder Stop-Loss-Orders platzieren. Dies ist im Direkthandel meistens nicht möglich. Zudem besteht bei besonders umsatzstarken Scheinen die Möglichkeit, dass Sie einen geringeren Spread (Differenz zwischen An- und Verkaufskurs) zahlen als im außerbörslichen Handel.

Die 6 wichtigsten Kennzahlen eines Optionsscheins

1) Implizite Volatilität

2) Aufgeld

3) Hebel

4) Delta

5) Innerer Wert und Zeitwert

6) Theta

1) Implizite Volatilität

Die implizite Volatilität (erwartete Schwankungsstärke) ermöglicht es Ihnen, verschiedene Optionsscheine auf denselben Basiswert und mit vergleichbaren Eigenschaften in Bezug auf die Restlaufzeit und den Basispreis hinsichtlich ihrer Attraktivität zu bewerten.

Wichtig: Grundsätzlich ist der Optionsschein mit der niedrigsten impliziten Volatilität am günstigsten bewertet und somit Ihre erste Wahl.

Die Volatilität ist ein statistisches Maß für die Schwankungsintensität des Basiswerts und definiert somit die Chance, dass sich der Kurs des Basiswerts innerhalb der Laufzeit in eine für Sie, den Optionsschein-Besitzer, günstige Richtung entwickelt.

Die Emissionsbanken, die Optionsscheine auf den Markt bringen, kalkulieren den Optionsschein-Preis wie folgt: Schwankt der Basiswert sehr stark, muss die Bank damit rechnen, dass der Kurs auch in eine für den Investor günstige Richtung pendelt. Daher werden die Banken mehr Geld für einen Optionsschein verlangen. Erwarten die Banken dagegen nur geringe Schwankungen, ist ihr

Risiko, dass der Basiswert genau in die vom Anleger gewünschte Richtung marschiert, geringer und sie bieten den Optionsschein günstiger an.

Die konkreten Auswirkungen auf den Optionsschein-Kurs: Wenn alle Kennzahlen konstant bleiben und nur die implizite Volatilität steigt, wird das den Kurs des Optionsscheins nach oben treiben. Gleichzeitig gilt auch: Sinkt die Volatilität, verliert Ihr Optionsschein an Wert, obwohl sich der Kurs des Basiswerts gar nicht bewegt hat.

Da ein Optionsschein bei Konstanz aller anderen Bewertungskennzahlen mit einer Erhöhung der Volatilität teurer wird, bedeutet die niedrige implizite Volatilität eines Optionsscheins aus Sicht des Käufers eine vergleichbar günstige Bewertung und der Optionsschein sollte daher bevorzugt werden.

Dabei müssen Sie jedoch beachten, dass nur Optionsscheine auf denselben Basiswert und mit ähnlichen Eigenschaften hinsichtlich der Restlaufzeit und des Basispreises miteinander verglichen werden können.

Volatilität und Basiswert

Kennzahlen wie die Volatilität sind wichtig, über den Erfolg Ihres Optionsscheins entscheidet aber letztendlich, ob sich der von Ihnen gewählte Basiswert (zum Beispiel eine Aktie oder ein Index) in die von Ihnen erwartete Richtung bewegt. Bei einem Kauf-Optionsschein (Call) muss der Basiswert steigen, bei einem Verkaufs-Optionsschein (Put) sinken.

In einem zweiten Schritt sollten Sie dann Kennzahlen wie Restlaufzeit und die implizite Volatilität einzelner Optionsscheine in Ihre Überlegungen einbeziehen, da sie die relative Attraktivität innerhalb vergleichbarer Optionsscheine transparent machen und somit eine Verbesserung der Rendite bei Eintreten der erwarteten Kursentwicklung des Basiswerts erwarten lassen.

2) Aufgeld

Der Ausdruck „Aufgeld" ist etwas missverständlich. Es handelt sich nicht um eine zusätzliche Gebühr, die Sie beim Optionsscheinhandel bezahlen müssen, wie man vielleicht auf Grund der Formulierung vermuten könnte.

Das Aufgeld beschreibt Ihre Gewinnchancen. Es drückt aus, um wie viel Prozent der Basiswert (die Aktie) bis zur Fälligkeit steigen (Kauf-Optionsschein) oder fallen (Verkaufs-Optionsschein) muss, damit Sie die Gewinnschwelle erreichen.

Bei einem Kauf-Optionsschein (Call) auf SAP bedeutet ein Aufgeld von 12%, dass die SAP-Aktie bis zum Laufzeitende um 12% steigen muss, damit Sie die Gewinnschwelle erreichen.

Gefahr: zu hohes Aufgeld

Bei der Auswahl von Optionsscheinen spielt das Aufgeld eine entscheidende Rolle. Laufzeit, Hebel und Spread können noch so attraktiv sein; wenn das Aufgeld zu hoch ist, sollten Sie verzichten. Fragen Sie sich vor jedem Kauf: Hat der Basiswert genug Potenzial, um das Aufgeld auszugleichen?

Trauen Sie zum Beispiel der SAP-Aktie nur ein Aufwärtspotenzial von 5 bis 10% zu, sollten Sie keinen Optionsschein mit einem Aufgeld von 10% auswählen. Selbst wenn der Preis um 10% steigt, würden Sie nur die Gewinnschwelle erreichen, also am Ende bei +-0 liegen. Ein Optionsschein mit einem Aufgeld von 10% ist für Sie tatsächlich nur dann interessant, wenn Sie dem Basiswert eine Kurssteigerung um 15, 20 oder noch mehr % zutrauen.

Das Aufgeld zeigt Ihnen aber nicht nur an, ob ein Optionsschein als Kaufkandidat in Frage kommt. Mit der Kennzahl „Aufgeld pro Jahr" können Sie verschiedene Optionsscheine vergleichen. Auf bekannte Basiswerte wie SAP gibt es hunderte verschiedene Optionsscheine. Ein Kriterium, um den besten Optionsschein herauszufiltern, ist das Aufgeld pro Jahr. Dabei wird das vorher beschriebene Aufgeld auf Jahresbasis umgerechnet. Die Frage lautet dann: Um wie viel Prozent muss der Basiswert innerhalb eines Jahres steigen, damit die Gewinnschwelle erreicht wird?

Mit dieser Kennzahl können Sie unterschiedlich ausgestattete Optionsscheine vergleichbar machen (wobei das Aufgeld pro Jahr ein sehr wichtiges, aber nicht das einzige Kriterium ist). **Es gilt: Je niedriger das Aufgeld, umso besser.**

3) Hebel

Die Hebelwirkung macht den Reiz eines Optionsscheins aus. Der Grundeffekt des Hebels ist recht einfach: Beim Kauf eines Optionsscheins müssen Sie wesentlich weniger Kapital investieren als beim Direktkauf eines Basiswerts. Da Sie auf den gleichen Basiswert setzen, jedoch weniger Kapital investieren, profitieren Sie überproportional von einer Kurssteigerung.

Leider gibt es 2 Hebel-Begriffe, sodass es leicht zu fehlerhaften Berechnungen kommen kann.

a) Theoretischer Hebel

Der theoretische Hebel gibt an, um wie viel Mal mehr der Optionsschein bei einem konstanten Aufgeld (!) steigt oder fällt, wenn der Basiswert um 1% steigt.

Beispiel: Steigt die SAP-Aktie um 5%, und der betreffende Optionsschein hat einen Hebel von 3, steigt der Optionsschein um 15%. Die Aussagekraft dieses Hebels ist aber sehr gering, denn: Das Aufgeld bleibt fast nie konstant.

Der theoretische Hebel kann daher sehr irreführend sein, wenn zwischen dem aktuellen Preis und dem Basispreis des Optionsscheins eine große Differenz ist.

b) Omega-Hebel

Im INNOVATION INVESTOR finden Sie daher grundsätzlich nur die aussagekräftige Kennzahl Omega-Hebel. Diese Kennzahl gibt die tatsächliche Hebel-Leistung des Optionsscheins an. Das Omega gibt an, um welchen Prozentsatz sich der Kurs des Options- scheins bei einer Kursbewegung des Basiswerts um 1% verän- dert.

Das Ergebnis ist wesentlich genauer, weil hier zusätzlich das im Folgenden beschriebene „Delta" berücksichtigt wird.

4) Delta

Die Kennzahl „Delta" zeigt Ihnen an, wie sich der Preis des Opti- onsscheins entwickelt, wenn sich der aktuelle Kurs des Basis- werts um eine Einheit ändert.

Die Wichtigkeit des Delta erkennen Sie an folgender Faustformel: Delta = Ausübungswahrscheinlichkeit. Das bedeutet, dass Sie bei einem Delta von 1 mit sehr großer Wahrscheinlichkeit davon aus- gehen können, dass der Kurs des Basiswerts am Ende über dem Basispreis liegt, Sie die Option also auch ausüben können.

Beispiel: SAP notiert aktuell bei 25 €, der Basispreis liegt nur bei 10 €. Die Wahrscheinlichkeit, dass die SAP-Aktie unter 10 € fällt, ist sehr gering. Daher wird die Kennzahl Delta fast bei 1 (100%) lie- gen. Läge der Basispreis dagegen bei 100 €, wäre das Delta fast bei 0, da die Wahrscheinlichkeit, dass SAP in absehbarer Zeit über 100 € steigt, sehr gering ist. Das heißt für Ihre Auswahl: **Je nied- riger die Kennzahl Delta, desto höher ist das Risiko.**

Wie auch der bereits beschriebene Omega-Hebel ist das Delta keine konstante Größe. Bewegungen beim Basiswert, bei der erwarteten Schwankungsstärke (Volatilität) oder bei der Restlauf- zeit, beeinflussen das aktuelle Delta.

Jetzt zur praktischen Anwendung: Ich habe Ihnen den theoretischen und den Omega-Hebel vorgestellt. Mit der Kennzahl Delta können Sie diese beiden Hebel-Varianten verbinden. Der theoretische Hebel zeigt Ihnen an, wie viel Optionsscheine (bereinigt um das Bezugsverhältnis) Sie für den Preis des Basiswerts erwerben können. Es ist also die Messzahl für Ihren Kapitaleinsatz.

Formel theoretischer Hebel:

$$\text{Theoretischer Hebel} = \frac{\text{Kurs Basiswert}}{\text{Optionsscheinpreis} \times \text{Bezugsverhältnis}}$$

Mit den Kennzahlen Delta und theoretischer Hebel können Sie jetzt den eigentlichen Hebel, der Ihnen die reale Hebel-Wirkung anzeigt, den Omega-Hebel ermitteln. Ein Omega-Hebel von 3 bedeutet zum Beispiel, dass der Optionsschein um 12% steigt, wenn der Basiswert um 4% steigt.

Formel Omega-Hebel:

$$\text{Omega-Hebel} = \text{Delta} \times \text{theoretischer Hebel}$$

5) Innerer Wert und Zeitwert

Der Kurs eines Optionsscheins besteht aus 2 Bestandteilen: dem inneren Wert und dem Zeitwert. Der innere Wert zeigt Ihnen an, wie viel Ihr durch den Optionsschein erworbenes Optionsrecht wert ist, wenn Sie es jetzt genau in diesem Augenblick ausüben würden.

Der Zeitwert ist dagegen eine Art „Hoffnungswert" (aus Ihrer Sicht) oder auch „Risikoprämie" (aus Sicht der Bank). Die Banken bieten Ihnen die Optionsscheine nämlich nicht zum aktuellen Wert an, sondern verlangen als Gegenleistung für die Hebel-Wirkung einen Preis-Aufschlag.

Den inneren Wert eines Optionsscheins können Sie aus der Differenz zwischen dem aktuellen Kurs des Basiswerts und dem Basispreis berechnen. Die Formel bei einem Kauf-Optionsschein (Call) lautet:

$$\text{Innerer Wert} = \frac{\text{Kurs Basiswert} - \text{Basispreis}}{\text{Bezugsverhältnis}}$$

Optionsscheine mit einem inneren Wert bezeichnet man als Optionsschein „im Geld". Notiert der aktuelle Kurs des Basiswerts bei einem Call unter dem Basispreis, befindet sich der Optionsschein „aus dem Geld", weil der Optionsschein es dem Investor nicht erlaubt, den Basiswert „mit Gewinn" zu kaufen. Befindet sich der Preis in der Nähe des Basispreises, spricht man von einem Optionsschein „am Geld".

Diese Begriffe beschreiben das Verhältnis des Optionskurses zum Basispreis. Kaufen Sie Optionsscheine „im" oder „am Geld": Diese Optionsscheine sind deutlich sicherer. Falls ein empfohlener Optionsschein deutlich „aus dem Geld" liegt, werde ich das im INNOVATION INVESTOR ausführlich begründen, damit Sie das Risiko besser einschätzen können.

Fachbegriffe über den inneren Wert von Optionsscheinen, wie sie in Optionsschein-Listen auftauchen

	Call	Put
Kurs des Basiswerts > Basispreis	Im Geld In the money	Aus dem Geld Out of the money
Kurs des Basiswerts = Basispreis	Am Geld At the money	Am Geld At the money
Kurs des Basiswerts < Basispreis	Aus dem Geld Out of the money	Im Geld In the money

Der innere Wert ändert sich, wenn sich der Basispreis ändert. Bei einem Call steigt der innere Wert, wenn der Basiswert steigt. Bei einem Put ist es umgekehrt.

Beispiel: Ein Call und ein Put auf eine Aktie mit Basispreis von 90 € und einem Bezugsverhältnis von 100:1.

Kurs in €	Innerer Wert Call	Innerer Wert Put
60	0	0,30
70	0	0,20
80	0	0,10
90	0	0
100	0,10	0
110	0,20	0
120	0,30	0

Falls Sie einen solchen Kauf-Optionsschein auf eine Aktie kaufen, sind Sie bei einem Kurs von mehr als 90 € mit dem „inneren Wert" im Plus. Steigt der Preis weiter, gewinnen Sie überdurchschnittlich. Der Kurs der Aktie liegt 10 € über dem Optionsrecht bei 90 €. 10 € Bezugsverhältnis 1:100 (1 Anteil Basiswert für 100 Optionsscheine) = 0,10 € „innerer Wert" des Optionsscheins.

Das Beispiel zeigt, wie sich der innere Wert verändert. Dabei können Sie die Hebel-Wirkung gut erkennen: Bei einem Kurs von 100 € besitzt der Call einen inneren Wert von 10 Cent. Steigt der Aktienkurs um 10% auf 110 €, verdoppelt sich der innere Wert des Calls. Damit beträgt der Hebel bei einem Aktienkurs von 100 € genau 10 (wegen der Verzehnfachung des Optionsscheingewinns gegenüber der Preissteigerung). Die Emissionsbank wird Ihnen den Optionsschein jedoch nicht für 5 € anbieten. Als Gegenleistung für die Vorteile des Optionsscheins (geringer Kapitaleinsatz und Hebel-Wirkung) verlangt sie eine Risikoprämie.

Aus Sicht des Anlegers ist das dagegen eine Art „Hoffnungswert". Sie sind von der zukünftigen Aufwärtsbewegung des Basiswerts überzeugt und bezahlen einen höheren Preis, um von dieser Bewegung durch den Optionsschein überproportional profitieren zu können. Sie hoffen also, dass der innere Wert des Optionsscheins noch deutlich steigt.

Beispiel Call

Kurs Basiswert: 70 €
Basispreis: 50 €
Bezugsverhältnis 1:1
Innerer Wert: 70 – 50 = 20 €
Kurs Optionsschein: 28 €

In diesem Beispiel liegt der innere Wert bei 20 € (wie oben ausgerechnet), der Optionsschein kostet Sie jedoch 28 €. Den Zeitwert eines Kauf-Optionsscheins berechnen Sie jetzt mit der Formel:

Zeitwert = aktueller Kurs Optionsschein – innerer Wert
Zeitwert = 28 – 20 = 8 €

Der Zeitwert von 28 – 20 = 8 € zeigt Ihr aktuelles Risiko an. Wenn der Optionsschein heute fällig würde, müssten Sie mit einem Verlust von 8 € pro Optionsschein rechnen. Denn es gilt: Der Zeitwert sinkt während der Laufzeit und erreicht am Tag der Fälligkeit (Laufzeitende) einen Wert von 0. Am Tag der Fälligkeit zählt also nur noch der innere Wert.

Die Emissionsbank berechnet diesen Zeitwert nicht willkürlich, sondern berücksichtigt 3 Faktoren:

• Zinsniveau

• Restlaufzeit des Optionsscheins

• erwartete Schwankungsstärke (implizite Volatilität)

Grob vereinfacht lässt sich sagen: Je stärker der Basiswert schwankt, desto höher wird die Risikoprämie (der Zeitwert) ausfallen.

Mein Tipp: Verkaufen Sie Ihre Optionsscheine spätestens rund 3 Monate vor Laufzeitende. Der Zeitwert sinkt nämlich nicht linear, sondern speziell in der Schlussphase überproportional stark. Somit verliert ein Optionsschein in den letzten Monaten auch überproportional an Wert.

Die Ausnahme bilden Optionsscheine, die weit im Geld liegen, bei denen also der aktuelle Kurs des Basiswertes erheblich über dem Basispreis des Optionsscheins liegt. Hier ist der Anteil des Zeitwerts am Optionsscheinpreis nur minimal.

6) Theta

Wie im Punkt 5 erwähnt: Der Wert eines Optionsscheins besteht aus dem „inneren Wert" und dem „Zeitwert". Da die Laufzeit der klassischen Optionsscheine zeitlich begrenzt ist, nimmt der Zeitwert von Tag zu Tag ab. Es ist aber nicht so, dass der Zeitwert jeden Tag gleichmäßig abnimmt. Es gilt leicht vereinfacht: Je geringer die Restlaufzeit, desto stärker wird der Zeitwertverfall.

Die Kennzahl, die diesen Zeitwertverfall misst, heißt „Theta". Das Theta zeigt Ihnen an, wie viel ein Optionsschein bei ansonsten unveränderten Einflussgrößen im Zeitablauf an Wert verliert.

In den meisten Fällen wird das „Wochen-Theta" angegeben. Ein Wochen-Theta von 0,15 bedeutet zum Beispiel, dass der Optionsschein bei einem Bezugsverhältnis von 1:1 zum jetzigen Zeitpunkt 0,15 € pro Woche an Wert verliert. Beim „Tages-Theta" wird der Zeitwertverlust für einen Tag angezeigt. Die Kennzahl kann jedoch auch in Prozent angegeben werden. In diesem Fall bedeutet ein Theta von 5%, dass der Optionsschein in einer Woche 5% an Zeitwert verliert.

In 7 Schritten zum passenden Optionsschein

Schritt 1: Wählen Sie einen aussichtsreichen Basiswert (z. B. eine Aktie) aus

Der hohe Hebel oder das niedrige Aufgeld können noch so verlockend sein. Wenn sich der ausgesuchte Basiswert nicht in die gewünschte Richtung bewegt, können Sie mit einem Optionsschein kein Geld verdienen. Zäumen Sie das Pferd daher nicht von hinten auf. Suchen Sie erst einen Basiswert, der Ihrer Meinung nach deutliches Kurspotenzial besitzt. Setzen Sie nur auf einen Optionsschein, wenn Sie fest von einer starken Kursbewegung des Basiswerts überzeugt sind.

Schritt 2: Legen Sie ein Kursziel für den ausgesuchten Basiswert fest

Wenn Sie einen aussichtsreichen Basiswert gefunden haben, müssen Sie sich überlegen, welches Kursziel dieser Basiswert in einem bestimmten Zeitraum erreichen kann. In der Praxis hat sich gezeigt, dass Bauchentscheidungen („Diese Aktie könnte in den nächsten Wochen ganz gut laufen") nicht sehr erfolgreich sind.

Schritt 3: Suchen Sie den Optionsschein aus, der optimal zur geplanten Anlagedauer und zum Kursziel passt

Vor dem Kauf eines passenden Optionsscheins sollten Sie eine Vorstellung haben, wie weit der Basiswert in der von Ihnen erwarteten Zeitspanne steigen (bei einem Call) oder fallen (bei einem Put) wird. Das erleichtert Ihnen die Auswahl. Gewisse Filter sind wichtig, um die sehr große Anzahl der möglichen Optionsscheine einzugrenzen.

Schritt 4: Beachten Sie die Volatilität

Ist die erwartete Schwankungsstärke (implizite Volatilität) bei dem ausgesuchten Basiswert zu hoch, wird der Optionsschein (zu) teuer. Wenn es an den Börsen donnert, erhöhen die Banken oft die Risikoprämien. In diesen Zeiten lohnt sich eher der Einsatz von Hebel-Zertifikaten, weil hier die Schwankungserwartungen nicht in den Preis einfließen. Meine Empfehlung: Verzichten Sie für eine gewisse Zeit auf Optionsscheine, wenn die Schwankungen zu stark sind und Ihnen das Total-Verlust-Risiko bei Hebel-Zertifikaten zu hoch ist.

Schritt 5: Setzen Sie ein Kursziel für Ihren Optionsschein

Dieser Schritt wird oft missverstanden. Ich meine damit nicht, dass Sie einen Optionsschein sofort verkaufen sollten, sobald das Kursziel erreicht ist. Wenn möglich, sollten Sie den Kurs Ihres Optionsscheins jeden Tag kontrollieren. Erreicht der Schein das angestrebte Kursziel, empfehle ich Ihnen eine intensive Analyse. Die Untersuchungsfrage lautet: Ist der Preis jetzt ausgereizt oder gibt es neue Fakten, die für weiter steigende Preise sprechen? Wenn keine neuen Informationen vorliegen, bietet sich ein Verkauf an. Sind dagegen positive Fakten aufgetaucht, können Sie den Schein weiter halten.

Schritt 6: Begrenzen Sie mögliche Verluste

Setzen Sie direkt nach dem Kauf des Optionsscheins eine erste Stop-Loss-Marke. So begrenzen Sie mögliche Verluste. Je nach Höhe des Hebels, der Marktsituation und der persönlichen Risikoneigung kann der Puffer (Abstand aktueller Kurs zur Stop-Loss-Marke) bei 30 bis 40% liegen.

Schritt 7: Setzen Sie niemals alles auf einen Optionsschein

Ich empfehle Ihnen für Hebel-Instrumente (Optionsscheine und Hebel-Zertifikate) einen maximalen Depot-Anteil von 10% (selbst nach starken Kursgewinnen der Optionsscheine sollte die Quote nicht über 20% steigen). Verteilen Sie dieses „Risiko-Kapital" stets auf mehrere Optionsscheine. Risikostreuung ist daher auch bei der Optionsschein-Auswahl oberstes Gebot. Als Obergrenze empfehle ich Ihnen eine Summe von maximal 3.000 € je Position. Bis zu dieser Grenze können Sie an der Börse Stuttgart jederzeit Optionsscheine zu angemessenen Konditionen kaufen und verkaufen.

Wie Sie zwischen Optionsscheinen und Hebel-Zertifikaten auswählen

Optionsscheine und Hebel-Zertifikate können eine sinnvolle Ergänzung zu Ihren übrigen Investments sein. Zum einen können Sie damit Teile Ihres Depots absichern, zum anderen können Sie Ihre Rendite damit hebeln. Aber aufgepasst: Optionsscheine und Hebel-Zertifikate sind mit höheren Risiken behaftet. Wie Sie erfolgreich damit handeln, lesen Sie in diesem Abschnitt.

Der Preis eines Optionsscheins hängt nicht nur von der Entwicklung des Basiswerts und vom Hebel ab. Ein wesentlicher Preisbestandteil ist – wie bereits an anderer Stelle beschrieben – die erwartete Schwankungsstärke (implizite Volatilität). Leicht vereinfacht gilt folgender Grundsatz: Je stärker die erwarteten Schwankungen des Basiswerts, desto teurer wird der Optionsschein.

Es ist besser, Optionsscheine zu kaufen, wenn die Schwankungen gering sind und zukünftig wieder zunehmen werden, weil die Risikoprämie beim Kauf des Scheins noch gering ist.

In ruhigen Phasen Optionsscheine, in stürmischen Zeiten Hebel-Zertifikate

Nehmen wir an, Sie investieren jetzt in einen lang laufenden Kauf-Optionsschein (englisch auch „Marathon-Warrant" genannt) auf eine Aktie. Wählen Sie bewusst eine möglichst lange Laufzeit, damit Sie den erwarteten Anstieg der Volatilität bis zum Gipfel ausnutzen können. Dann sind 2 Szenarien denkbar:

Szenario 1: Die Aktie steigt deutlich

Falls die Aktie sprunghaft anspringt, entfaltet sich eine doppelte Hebel-Wirkung. Zum einen sorgt der Hebel (Omega) für überproportionale Kursgewinne, zum anderen katapultiert die steigende Volatilität (Schwankungsbreite) den Kurs des Optionsscheins noch weiter noch oben.

Szenario 2: Die Aktie bricht ein

Sollte die Aktie jedoch bei einer schwächeren Geschäftsentwicklung des Unternehmens als zurzeit angenommen oder wegen eines Terroranschlags einbrechen, hätten Sie eine Art Sicherheitspuffer. Stark fallende Kurse würden den Kauf-Optionsschein ins Minus ziehen, die steigende Volatilität wäre jedoch ein Gegengewicht und würde zumindest einen Teil des Verlusts aufwiegen.

Dieser doppelte Vorteil ist der wichtigste Grund, warum ich Ihnen manchmal lang laufende Optionsscheine und keine Hebel-Zertifikate ohne Laufzeitbeschränkung empfehle.

Volatilität hat keinen Einfluss auf Hebel-Zertifikate

Bei Hebel-Zertifikaten hat die erwartete Schwankung keinen Einfluss auf den Zertifikate-Preis. Einige Emissionsbanken feiern das großspurig als Durchbruch im Segment der Hebel-Produkte. Und tatsächlich: Einfacher zu berechnen sind die Hebel-Zertifikate. Sie brauchen nur den Basispreis und den aktuellen Kurs einer Aktie und schon können Sie mit einer einfachen Rechnung den Kurs Ihres Zertifikats berechnen.

Bei einem Optionsschein benötigen Sie dagegen eine komplizierte Formel, die die erwartete Schwankungsstärke, die Kursbewegung, das Zinsniveau und die Dividendenhöhe berücksichtigt. Um Ihnen zu demonstrieren, wie stark ein einzelner Faktor wie die erwartete Schwankungsstärke (implizite Volatilität) den Kurs eines Optionsscheins beeinflusst, folgt ein Kalkulationsbeispiel:

Auswirkung Volatilität:
DAX bleibt gleich – Kurs verändert sich um 50%

Welche Auswirkungen die erwartete Schwankungsstärke auf den Kurs des Optionsscheins hat: Je höher die Schwankungsstärke, desto teurer der Optionsschein

	DAX-Basispreis des Optionsscheins		
Volatilität	**3.500**	**4.000**	**4.500**
15%	7,00 €	3,44 €	1,32 €
25%	7,93 €	4,93 €	2,87 €
35%	9,12 €	6,45 €	4,46 €
45%	10,40 €	7,96 €	6,05 €
55%	11,72 €	9,47 €	7,63 €

Fiktive Optionsscheinkurse bei einem DAX-Stand von 4.000 Punkten, einem allgemeinen Zinsniveau von 5% und einem Jahr Restlaufzeit (Quelle: Goldman Sachs)

Entscheidend bei dieser Strategie ist der optimale Einstiegszeitpunkt. Die besten Rendite-Chancen erreichen Sie, wenn Sie einen Basiswert mit einer erwarteten Schwankungsstärke (implizite Volatilität) von unter 20% auswählen.

Bei Hebel-Zertifikaten stellt sich Ihnen die Frage des optimalen Einstiegszeitpunktes erst gar nicht. Die einfache Handhabung ohne Berücksichtigung der Volatilität ist ohne Frage eine Vereinfa-

71

Musterrechnung anhand der auf Seite 71 abgebildeten Tabelle: Ein DAX-Optionsschein mit dem Basispreis 4.000 kostet bei einer erwarteten Schwankungsstärke von 15% und einem Index-Stand von 4.000 Punkten 3,44 €. In den vergangenen Jahren lag die durchschnittliche Schwankungsstärke des DAX jedoch mit rund 25% wesentlich höher.

Wenn jetzt alle Kennzahlen gleich bleiben und nur die extrem niedrige Schwankungsstärke von 15% auf den alten Durchschnittswert von 25% steigt, springt der Optionsscheinkurs von 3,44 auf 4,93 €. Das ist ein Anstieg von knapp über 43%.

Und bedenken Sie: Der Basiswert, also der DAX, hat sich in dieser Musterrechnung gar nicht bewegt. Der gesamte Gewinn von 43% resultiert ausschließlich aus der erhöhten Schwankungserwartung. Sollte sich dann noch der Basiswert in die von Ihnen gewünschte Richtung bewegen, erhalten Sie einen zusätzlichen Gewinnhebel.

chung. „Einfach" bedeutet jedoch nicht immer „besser". Viel wichtiger ist, welches Instrument Ihnen in der jeweiligen Situation die optimale Rendite-Chance bietet.

Es gibt mindestens **2 gute Gründe,** die gegen eine langjährige Stagnation und für stark schwankende Kurse sprechen. Von diesen können Sie mit steigenden Optionsscheinkursen profitieren:

Grund 1: Informationsfluss durch das Internet. Das Internet sorgt dafür, dass Informationen heute in Sekundenschnelle weltweit verbreitet werden. Die Börsenlandschaft ist dadurch wesentlich hektischer geworden.

Grund 2: Der Siegeszug der Derivate. Optionen, Optionsscheine und Zertifikate werden immer beliebter. Mit einem kleinen Einsatz lassen sich durch die Hebel-Wirkung gewaltige Summen bewegen.

Mit dem zeitlich aufeinander abgestimmten Einsatz von Options-scheinen und Hebel-Zertifikaten verbessern Sie ohne Risiko-Erhö-hung Ihre Rendite-Chancen deutlich.

Knock-out-Produkte

Neben den herkömmlichen Optionsscheinen hat sich inzwischen eine neue Generation von Hebel-Produkten etabliert, die sogar noch einen Hauch spekulativer sind: die Knock-out-Produkte. Sie finden diese unter Namen wie Turbo, Turbo Bull/Bear oder auch Wave.

Der Unterschied zu Optionsscheinen: Diese Derivate besitzen eine Knock-out-Schwelle, die sich in der Nähe des Basispreises befin-det. Wird diese Schwelle durch den Basiswert berührt oder durch-schritten, tritt sofort der Knock-out ein. Das bedeutet für Sie, dass der Schein sofort wertlos verfällt oder bestenfalls ein Restbetrag ausbezahlt wird.

Knock-out-Produkte haben gegenüber den klassischen Options-scheinen einige Vorteile:

● Die Volatilität hat kaum einen Einfluss auf den Preis. Der Preis ist somit einfacher für Sie zu kalkulieren.

● Der Hebel bleibt während der Laufzeit konstant.

● Der Zeitwert baut sich linear ab.

● Der Hebel ist oft höher, die Chancen größer.

Den Vorteilen steht allerdings **der Nachteil des größeren Risikos für Ihr Depot** gegenüber. Ein „Comeback" nach dramatischen Kursverlusten ist hier nicht möglich. Knock-out-Produkte eignen sich daher für kurzfristige Spekulationen. **Im INNOVATION INVESTOR wähle ich stets Produkte aus, bei denen die Knock-out-Schwelle weit vom aktuellen Kurs entfernt ist. Das erhöht Ihre Sicherheit drastisch.**

Zertifikate und Optionsscheine im Vergleich

Mit dem Kauf eines Optionsscheins erwerben Sie das Recht, zu einem genau definierten Termin beispielsweise eine bestimmte Menge Aktien (Basiswert) zu einem vorher festgelegten Preis kaufen (Call) oder verkaufen (Put) zu dürfen. Hebel-Zertifikate haben eine ähnliche Funktionsweise. Zertifikate auf steigende Kurse werden „Hebel-Zertifikat long", die auf fallende Kurse „Hebel-Zertifikat short" genannt.

Neben den oben bereits geschilderten Unterschieden bei der Berechnung von Optionsscheinen und Hebel-Zertifikaten (speziell die unterschiedliche Berücksichtigung der erwarteten Schwankungsstärke) gibt es noch weitere wichtige Unterschiede, die für Ihre Entscheidung zwischen diesen Wertpapieren wichtig sind:

● Hebel-Zertifikate besitzen eine sogenannte **„Knock-out-Barriere"**. Berührt der Basiswert die festgelegte Kursmarke auch nur ein einziges Mal, verfällt das Zertifikat sofort wertlos oder mit einem geringen Restwert.
Optionsscheine laufen dagegen immer bis zum Tag der Fälligkeit. Selbst nach schwersten Kurseinbrüchen von über 90% kann der Optionsschein-Käufer noch hoffen, dass sich der Kurs wieder erholt. Voraussetzung ist, dass eine ausreichend lange Laufzeit (möglichst mehrere Jahre) gewählt wurde. Optionsscheine, die nur wenige Monate laufen, eignen sich dagegen nur für riskante Kurzfristspekulationen.

● Es gibt zwei Arten von Hebel-Zertifikaten: mit **fester Laufzeit** (meistens relativ kurze Zeiträume) und **ohne Laufzeitbeschränkung** („open end" genannt). Die Zertifikate ohne Laufzeitbeschränkung ermöglichen Ihnen einen langfristigen Einsatz.
Diesen Vorteil gibt Ihnen die Bank aber nicht gratis: Bei diesen Zertifikaten werden Basispreis und Knock-out-Barriere in festgelegten Abständen (zum Beispiel am 1. eines jeden Monats) von der Bank verändert, etwa jeweils nach oben verschoben.

Bei stagnierenden Kursen rückt die gefährliche Knock-out-Barriere dann immer näher, das Risiko steigt. Bei einem Optionsschein bleibt der Basispreis dagegen bis zum Laufzeitende konstant.

Die Übersicht auf der folgenden Seite zeigt Ihnen die **Vor- und Nachteile** auf und beschreibt die optimalen Einsatzbereiche.

Fazit: Optionsscheine und Hebel-Zertifikate haben Vor- und Nachteile. Es gibt kein Instrument, das immer besser ist. Die jeweils beste Wahl, ob ein Optionsschein oder doch ein Hebel-Zertifikat besser geeignet ist, nehme ich für Sie im INNOVATION INVESTOR vor. Bei jeder Empfehlung entscheide ich mich eindeutig – je nach Situation – für ein Instrument. Bei Ihren eigenen Investitionsideen können Sie anhand der Kriterien nun einfacher entscheiden, was für Sie in Frage kommt.

	Wann Optionsscheine und wann Zertifikate für Sie besser sind	
	„Marathon Warrants" **(langlaufende Optionsscheine)**	**Hebel-Zertifikate ohne** **Laufzeitbeschränkung**
Vorteile	• Der Optionsschein kann sich während der Laufzeit auch von schwersten Rückschlägen erholen. • In Zeiten starker Schwankungen bieten Ihnen Optionsscheine bei richtiger Markteinschätzung eine zusätzliche Hebel-Wirkung oder eine Art Sicherheitspuffer, falls die Kurse in die falsche Richtung laufen (Optionsschein auf steigende Kurse gekauft, der Basiswert fällt aber).	• unbegrenzte Laufzeit • Wertentwicklung hängt ausschließlich von der Entwicklung des Basiswerts ab. • Hebel-Wirkung ist oft höher als bei Optionsscheinen.
Nachteile	• In extremen Situationen wie der Baisse 2000 bis 2003 kann selbst eine dreijährige Laufzeit zu kurz sein. • Der Preis eines Optionsscheins ist schwer zu berechnen und hängt von vielen Faktoren ab. • Die Emissionsbank kann den Preis des Optionsscheins durch die Festlegung der erwarteten Schwankungsstärke negativ beeinflussen.	• Bei Erreichen der Knock-out-Barriere verfällt das Zertifikat sofort wertlos. • Basispreis und Knock-out-Barriere werden regelmäßig nach oben verschoben (schleichende Gefahr bei Stagnation).
Optimaler Einsatzbereich für Sie	Marathon Warrants sind 1. Wahl, wenn Sie mittel- und langfristig deutlich höhere (dann ist ein Call richtig) oder niedrigere (dann ist ein Put richtig) Kurse beim Basiswert erwarten, zwischendurch aber immer wieder mit starken Schwankungen rechnen. Idealer Einstiegszeitpunkt: ruhige Börsenphasen mit niedriger Volatilität wie im Frühjahr und Sommer 2004.	Hebel-Zertifikate sind speziell dann für Sie interessant, wenn Optionsscheine aufgrund der hohen Kursschwankungen zu teuer sind. Ein möglicher Einsatzbereich sind auch Hebel-Zertifikate auf Aktien-Indizes, weil ein solcher Basiswert im Tagesverlauf weniger stark schwankt als Einzel-Aktien, die bei einer Gewinnwarnung durchaus 30% oder mehr innerhalb weniger Minuten verlieren können.

Glossar

Anlageprodukte
Verbriefte Derivate ohne Hebel; dazu zählen Anlagezertifikate, Aktienanleihen, Exchange Traded Funds.

Aufgeld
Kennzahl bei Optionsscheinen, die angibt, um wie viel Prozent der Basiswert bis zur Fälligkeit steigen (Call) oder fallen (Put) muss, damit Sie die Gewinnschwelle erreichen.

Basispreis
Der Kurs, zu dem Käufer eines Optionsscheins den Basiswert kaufen (Call) oder verkaufen (Put) können.

Basiswert
Die Aktie oder der Index, auf den sich ein Optionsschein oder Hebel-Zertifikat bezieht.

Briefkurs
Der Kurs, zu dem Sie ein Wertpapier kaufen können.

Call
Kauf-Optionsschein, mit dem Sie auf steigende Kurse beim Basiswert (Aktie oder Index) setzen.

Diversifikation
Risikostreuung und -minderung durch die Anlage in eine Vielzahl verschiedener Wertpapiere. Bei Aktiendepots werden Aktien verschiedener Regionen und Branchen gekauft.

Delta
Kennzahl bei Optionsscheinen, die anzeigt, wie sich der Preis des Optionsscheins entwickelt, wenn sich der aktuelle Kurs des Basiswerts um eine Einheit ändert.

Emittent
Die Bank, die den Optionsschein oder das Hebel-Zertifikat ausgegeben hat.

Geldkurs
Der Kurs, zu dem Sie ein Wertpapier verkaufen können.

Hebel
Der Hebel gibt an, um wie viel mehr sich der Kurs eines Hebel-Zer-
tifikats und Optionsscheins bei einer Kursbewegung des Basiswerts um 1% verändert.

Hebelprodukte
Optionsscheine und Hebel-Zertifikate

Hebel-Zertifikat
Finanzinstrument, das die Kursveränderungen eines Basiswerts
(Aktie oder Index) hebelt. Berührt der Kurs des Basiswerts einen
festgelegten Wert (Knock-out-Schwelle) verfällt das Hebel-Zertifikat entweder wertlos oder es erfolgt ein automatischer Verkauf zu
einem geringen Restwert (je nach Ausgestaltung des Zertifikats).

Implizite Volatilität
Erwartete Kursschwankungen beim Basiswert eines Optionsscheins. Wichtige Kennzahl bei der Preisbildung: Je höher die
erwarteten Kursschwankungen, desto teurer sind Optionsscheine.

Innerer Wert
Der Kurs eines Optionsscheins besteht aus zwei Bestandteilen: dem
inneren Wert und dem Zeitwert. Der innere Wert zeigt Ihnen an, wie
viel Ihr durch den Optionsschein erworbenes Optionsrecht wert ist,
wenn Sie es jetzt genau in diesem Augenblick ausüben würden.

ISIN
Internationale Wertpapierkennumer (zwölfstellig) zur Identifizierung
von Wertpapieren

Knock-out-Zertifikat
siehe Hebel-Zertifikat

Kurs-Gewinn-Verhältnis (KGV)
Kennzahl bei der Aktienbewertung. Das KGV wird durch Teilung des aktuellen Aktienkurses durch den Gewinn pro Aktie errechnet. Je niedriger der Wert, desto günstiger ist die Aktie.

Limit
Wenn Sie beim Kauf ein Limit setzen, geben Sie den maximalen Kurs vor, den Sie zu zahlen bereit sind, bei einem Verkaufslimit den minimalen Kurs zu dem Sie verkaufen möchten. Damit gewährleisten Sie, dass Ihre Order nicht zu einem ungünstigeren Kurs ausgeführt wird.

Omega-Hebel
Wichtige Kennzahl bei einem Optionsschein. Das Omega gibt an, um wie viel mehr sich der Kurs des Optionsscheins bei einer Kursbewegung des Basiswert um 1% verändert.

Optionsschein
Der Käufer des Optionsscheins erwirbt das Recht (nicht die Pflicht), einen Basiswerts (Aktie oder Index) zu einem bestimmten Preis (Basispreis) zu kaufen (Call-Optionsschein) oder zu verkaufen (Put-Optionsschein). Mit einem Optionsschein hebeln Sie die Kursveränderungen des Basiswerts, können also deutlich mehr Gewinn (aber auch Verlust) erzielen.

Put
Verkaufs-Optionsschein, mit dem Sie auf fallende Kurse beim Basiswert (Aktie oder Index) setzen.

Restlaufzeit
Zeitraum bis zum Fälligkeitstermin bei Optionsscheinen

Spread
Differenz zwischen An- (Brief-) und Verkaufskurs (Geldkurs)

Stop-Loss-Auftrag

Verkaufsauftrag, der automatisch unlimitiert ausgeführt wird, sobald der Kurs des Wertpapiers auf oder unter einen bestimmten Wert (Stoppkurs) fällt.

Stoppkurs

Instrument zur Risiko- und Gewinnabsicherung. Ein Wertpapier wird verkauft, wenn der Kurs auf oder unter einen bestimmten Wert (Stoppkurs) fällt.

Theoretischer Hebel

Der theoretische Hebel gibt an, um wie viel mal mehr sich der Optionsschein bei einem konstanten Aufgeld verändert, wenn sich der Basiswert um 1% bewegt.

Theta

Die Kennzahl bei Optionsscheinen, die den Zeitwertverfall misst. Das Theta zeigt an, wie viel ein Optionsschein bei ansonsten unveränderten Einflussgrößen im Zeitablauf an Wert verliert.

Turbo-Zertifikat

siehe Hebel-Zertifikat

WKN

Wertpapierkennnummer (sechsstellig) zur Identifizierung von Wertpapieren.

Zeitwert

Der Kurs eines Optionsscheins besteht aus zwei Bestandteilen: dem inneren Wert und dem Zeitwert. Der Zeitwert ist auf Sicht des Käufers eine Art „Hoffnungswert", der während der Laufzeit sinkt und am Laufzeitende einen Wert von 0 erreicht.

Zinsniveau

Die Höhe des, von den Notenbanken festgelegten, Leitzinses fließt in die Berechnung des Zeitwerts bei Optionsscheinen ein.